RELIRE SUN TZU

Yann Couderc

Yann Couderc

Relire Sun Tzu

Éditions Amiot

Introduction

Alors que les interprétations dans les domaines autres que le conflit armé sont courantes, il n'existe à ce jour aucun ouvrage français étudiant *L'Art de la guerre* d'un point de vue strictement militaire. En langue anglaise, les titres se comptent sur les doigts d'une main. Cette situation est relativement paradoxale, d'autant plus si l'on considère que depuis les années 1970, période où Sun Tzu a réellement été découvert en France, le *De la guerre* de Clausewitz a, lui, fait l'objet de plusieurs centaines de parutions françaises ne l'abordant que sous son strict angle militaire.

C'est donc face à ce terrain peu défriché en dehors de la sphère asiatique, hors articles épars, que le désir nous est venu de livrer notre étude de cet incontournable classique de la littérature militaire.

Le traité peut naturellement se lire comme un recueil de maximes, recueil au sein duquel chacun ira puiser la citation dont il aura besoin pour illustrer une idée préexistante. Mais le texte renferme plus que cela : il repose sur un système de pensée complet. Ce dernier se révèle délicat à cerner correctement par une simple lecture rapide. En effet, le propos de Sun Tzu est intelligible et concis, et certains aphorismes annoncent résumer les grands principes exposés. Hélas ! Ces listes récapitulatives ne constituent que des aspects parcellaires du système élaboré par Sun Tzu et n'en représentent pas de réelles synthèses.

L'Art de la guerre ne peut pas être lu comme une démonstration cartésienne structurée. Composé en Chine il y a près de 2500 ans, le système pensé par Sun Tzu est dilué dans son traité, presque caché, et seule une plongée profonde dans le texte permet de dépasser la maxime prise isolément pour l'insérer dans une théorie plus globale.

Aussi, afin d'aider le lecteur à aborder cette cohérence d'ensemble, nous proposons un appareil critique du traité constitué d'une histoire de sa genèse, d'une analyse de sa structure exposant ses particularités par rapport à un texte contemporain, et enfin d'une proposition de lecture de son contenu.

Notre parti pris n'est pas d'éclairer les propos de Sun Tzu considérés indépendamment les uns des autres, comme l'a très souvent fait la tradition chinoise qui livrait un texte enrichi d'exemples historiques d'autant moins parlants que l'on n'était pas un Chinois érudit. Nous ne reprenons pas non plus son pendant anglo-saxon consistant à illustrer une sélection de préceptes à travers des batailles occidentales, expliquant de façon délayée en quoi l'application d'un ou plusieurs principes du stratège chinois a conduit à la victoire. Cet appareil critique cherche simplement à présenter la forme et le fond de *L'Art de la guerre*.

La première partie, riche en éléments historiques, aborde la composition du traité : qui était son auteur ? Dans quel contexte a-t-il été rédigé ? Était-il en phase avec les courants de pensée de son époque ? etc. Nous verrons que si les annales chinoises mentionnent *L'Art de la guerre* comme étant l'œuvre d'un dénommé « Sun Tzu », les véritables éléments biographiques sont maigres : la première chronique du personnage – qui aurait normalement dû connaitre une postérité certaine – ne fut rédigée que quatre siècles après sa mort supposée... L'existence même de l'homme est toujours interrogée par les historiens. Ces derniers semblent toutefois aujourd'hui s'accorder sur le fait qu'un texte intitulé *L'Art de la guerre* a bien dû apparaitre durant le IVe siècle av. J.-C. ; le traité évolua ensuite par petites touches pour être fixé au XIe siècle ap. J.-C. dans le texte que nous connaissons.

Étant donné sa période et son lieu de composition, le traité présente une forme différente de celles auxquelles le lecteur contemporain occidental est habitué. Cette difficulté peut par endroits être masquée par le travail de traduction qui lisse le propos pour obtenir un texte le plus intelligible possible. Pour autant, le traité de Sun Tzu n'est pas aussi abordable qu'il y parait : les maximes peuvent se révéler sibyllines, incomplètes, et énumérées sans plan construit et cohérent. La deuxième partie de cet appareil critique se donne ainsi pour mission d'alerter le lecteur sur ces difficultés afin qu'il puisse les aborder muni de meilleures clés de compréhension.

Alors seulement, nous explorerons la pensée de Sun Tzu. Nous livrerons une lecture holistique de *L'Art de la guerre*, c'est-à-dire en considérant le traité dans sa totalité et non comme une succession de citations indépendantes les unes des autres : l'ensemble forme un tout cohérent, même si la structure en est totalement chaotique. Nous traiterons en premier lieu des grands postulats de Sun Tzu concernant la guerre : la guerre est une calamité ; la guerre est une dialectique de volonté entre deux généraux ; la conduite de la guerre doit rester une affaire de militaires ; la plus belle victoire est celle obtenue sans combat, mais tous les moyens sont bons pour remporter la victoire... Nous traiterons ensuite des deux principales thématiques du traité : la supériorité informationnelle et le modelage de l'adversaire pour saisir les opportunités. Nous étudierons à ce propos les différentes modalités d'exécution telles que décrites par Sun Tzu. Nous nous attarderons sur quelques thématiques annexes comme la ruse, la logistique ou la diplomatie, avant de passer en revue les qualités requises pour être un bon général : le charisme, le génie militaire et la lucidité sur soi-même.

L'appareil critique proposé dans cet ouvrage ne présuppose pas d'acquis particulier : nul besoin d'avoir lu les commentaires des exégètes historiques de Sun Tzu (dont des sélections peuvent accompagner certaines traductions), de connaitre les autres grands traités militaires chinois (*Les 36 stratagèmes*, *L'Art de la guerre* de Sun Bin, *Le traité militaire* de Wou-tseu, etc.) ni même d'être familier des philosophies chinoises entourant la composition du traité (taoïsme, confucianisme, moïsme, légisme...). La lecture présentée est une reformulation contemporaine des principes de Sun Tzu, à l'aune du vocabulaire moderne de la pensée militaire – vocabulaire qui s'est enrichi et affiné sous la plume des grands théoriciens stratégiques de l'Histoire.

Nous ne rajoutons délibérément pas de partie sur l'application historique des préceptes de *L'Art de la guerre* : l'Histoire fourmille de batailles à même de démontrer n'importe quelle théorie – et leur contraire – et l'exercice d'exposer un combat où a été appliqué un commandement de Sun Tzu nous parait dès lors peu pertinent.

La traduction française du traité qui nous sert de référence est celle réalisée par Jean Lévi, parue en 2000 aux éditions Hachette/Pluriel (reprise depuis par Fayard).

L'Art de la guerre n'est définitivement pas un ouvrage aussi facile à lire que ses quelques dizaines de pages écrites dans un style agréable le laisseraient croire, a fortiori pour des personnes qui n'ont tout simplement pas le temps de s'en imprégner, d'en interpréter la signification et d'en adapter les commandements aux situations modernes. Le texte de cette exégèse est six fois plus important que celui du traité de Sun Tzu. Espérons que sa lecture produira le même coefficient multiplicateur sur la compréhension du lecteur.

L'histoire du traité et de son auteur

Sun Tzu

Avant de commencer : Sun Tzu, Sun Wu ou Sun Zi ?

L'auteur de *L'Art de la guerre* peut apparaitre sous différents noms : Sun Tzu, bien sûr, mais aussi Sun Zi, Sunzi, Sun Wu, Sun Tse, Sun-Tze, Sun Tzou, Sun Tsu ou encore Souen Tseu[1]. Lequel est « le bon » ?

De nos jours, la transcription des noms chinois se fait selon le système « pinyin », développé dans les années 50 en Chine populaire[2]. Les caractères 孫子 (孙子 en chinois simplifié) deviennent alors : *Sun Zi*, ou plus exactement *Sūn Zǐ*. Malheureusement, la lecture française de cette transcription ne reproduit pas la prononciation chinoise : [suən.ts]. Cette dernière est mieux rendue par l'ancien système de l'École française d'Extrême-Orient, qui donnait : *Souen Tse(u)*. Les Anglo-Saxons utilisaient, eux, la transcription « Wade-Giles » qui livrait : *Sun Tzu*. Toutes les autres graphies ne sont que des tentatives de

---

[1] Pour une étude complète de l'évolution des appellations françaises de Sun Tzu, cf. Yann Couderc, *Sun Tzu en France*, éditions Nuvis, 2012.

[2] Le pinyin, adopté en République populaire de Chine en 1958, retranscrit les caractères chinois en alphabet latin (accentué pour rendre les quatre tons du chinois). Toutefois, la prononciation ne correspond pas à celle française. Par exemple :

c = *ts'* : Cao Cao se lit « *Ts'ao Ts'ao* » (l'apostrophe indique une consonne aspirée)
d = *t* : dao se lit « *tao* »
g = *k* : Guomindang se lit « *Kuomintang* »
ji = *ki* ou *tsi* : Dao de jing se lit « *Tao te king* »
zh = *tch* : Zhou se lit « *Tcheou* »
z = *ts* : Mao Zedong se lit « *Mao Tsé-toung* »
zi = *tseu :* Sunzi se lit « *Souen Tseu* »

retranscription phonétique. Sauf une, *Sun Wu*, qui se réfère au véritable nom de naissance du personnage.

De même que l'usage a préféré *Confucius* à *Kong Fuzi*, nous avons opté dans cet ouvrage pour la transcription *Sun Tzu* plutôt que *Sun Zi*. L'orthographe anglo-saxonne s'est, en effet, largement répandue en France avec le succès d'une traduction américaine, parue en 1972 aux éditions Flammarion[3].

Notons qu'il existe un autre « Sun Tzu » célèbre : mathématicien et astronome chinois, il vécut probablement aux alentours de 300 après J.-C. (aujourd'hui encore, le siècle de composition de ses écrits mathématiques reste sujet à caution). Homonyme et homographe du stratège – la graphie chinoise est identique : 孙子 – nous ne savons en réalité rien de la vie de ce personnage. Jusqu'au XVIIe siècle, il fut même souvent confondu avec l'auteur de *L'Art de la guerre* ! Outre ses travaux sur l'élaboration d'un calendrier, il est surtout resté dans les annales pour avoir publié un traité de mathématiques[4] où figure la plus ancienne version connue du problème que l'on nomme aujourd'hui « théorème des restes chinois »[5].

---

[3] Avant la sortie de cette traduction en 1972, *L'Art de la guerre* n'existait d'ailleurs en France que sous le nom *Les Treize Articles*, titre qu'avait retenu deux siècles plus tôt le tout premier traducteur de Sun Tzu, le père Amiot.

[4] Le « Classique mathématique de Sun Tzu » (孫子算經) n'a pas encore été traduit en français. Une version intégrale existe en revanche en anglais : *Fleeting Footsteps: Tracing the Conception of Arithmetic and Algebra in Ancient China*, World Scientific Pub Co Inc, 2004. Ce traité se vit attribuer le rang de « classique des mathématiques » durant la dynastie Tang (618 - 907 ap. J.-C.).

[5] L'énoncé du théorème est le suivant :

« Soit des objets dont on ignore le nombre. En les comptant 3 par 3 il en reste 2 ; en les comptant 5 par 5, il en reste 3 et en les comptant 7 par 7, il en reste 2. Combien y a-t-il d'objets ? »

(La réponse à ce problème est 23.)

Ce que dit la tradition

La tradition place la vie de Sun Tzu au VIe siècle av. J.-C., durant la période chinoise dite des « Printemps et Automnes[6] » située entre 722 et 476 av. J.-C. Ces dates correspondent, en effet, à celles données par un classique de la culture chinoise : Les *Mémoires historiques*[7] de Sima Qian (prononcer « Sseu-ma Ts'ien »). Cet imposant ouvrage du Ier siècle av. J.-C., également connu sous son nom chinois de *Shiji*, raconte en 130 chapitres l'histoire de la Chine des temps mythiques jusqu'à l'empereur Wu des Han (-156 à -87). Le chapitre 65 présente une série de biographies. Parmi elles, celle de Sun Tzu.

Que nous apprend cette biographie ? Pratiquement rien ! La quasi-totalité de ses quelques pages consiste en effet en une unique anecdote : la façon dont Sun Tzu fut reçu à la cour du roi (nous y reviendrons dans le chapitre suivant). Seules quelques phrases ne traitent pas de cet évènement particulier et apportent de réelles précisions sur la vie du personnage. Il en va ainsi des tout premiers mots de la biographie :

> *Sun Zi Wu était un homme de l'État de Qi.*

Détaillons ces éléments : *Sun* (孫) est le nom de famille. *Sun Wu* (孫武) est le nom d'usage (de naissance). Enfin, *Zi* (子) est un titre signifiant « maitre », comme dans : Lao Zi, Confucius (Kong Fuzi) ou encore Mencius (Meng Zi). Cette appellation de « Sun Zi » pourrait ne lui avoir été décernée que de façon posthume.

---

[6] Cette appellation tire son nom des *Annales des Printemps et Automnes* (春秋), une chronique des évènements survenus dans l'État de Lu entre 722 av. J.-C. et 476 av. J.-C. Œuvre de plusieurs générations de scribes, la tradition en attribue la compilation à Confucius, au début du Ve siècle av. J.-C. Cet ouvrage est considéré comme l'un des cinq Classiques chinois.

[7] Sima Qian, *Vies de Chinois illustres*, traduction de Jacques Pimpaneau, éditions You Feng, 2009.

L'État de Qi se situait dans l'actuelle province chinoise du Shandong.

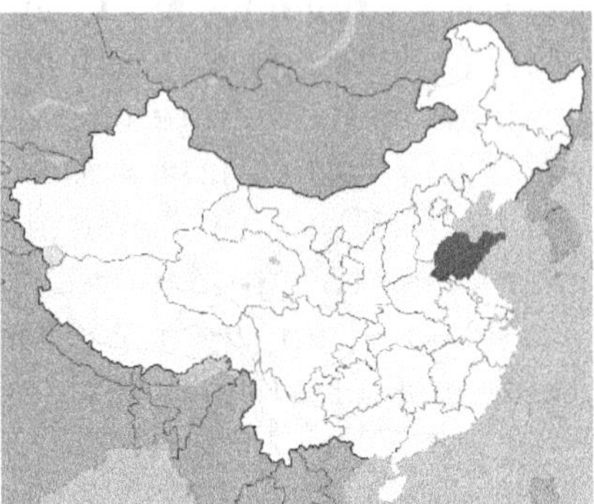

En noir : La province de Shandong dans la Chine contemporaine,
où se situait autrefois l'État de Qi qui aurait vu naitre Sun Tzu .
(Source de l'image : Wikimédia)

Aucune autre indication géographique n'est donnée. D'où le fait que deux villes du Shandong, Binzhou et Guangrao, se revendiquent aujourd'hui chacune officiellement comme étant le lieu de naissance de Sun Tzu !

Les *Mémoires historiques* poursuivent :

> *Pour avoir écrit un livre de stratégie, il fut reçu par le roi Helu du royaume de Wu.*

Sans qu'en soit précisée la raison, Sun Tzu aurait donc quitté son royaume natal de Qi pour offrir ses services au royaume de Wu[8].

---

[8] L'homographie française de Wu – le nom de famille (武) – et Wu – le royaume (吳) – relève du hasard.

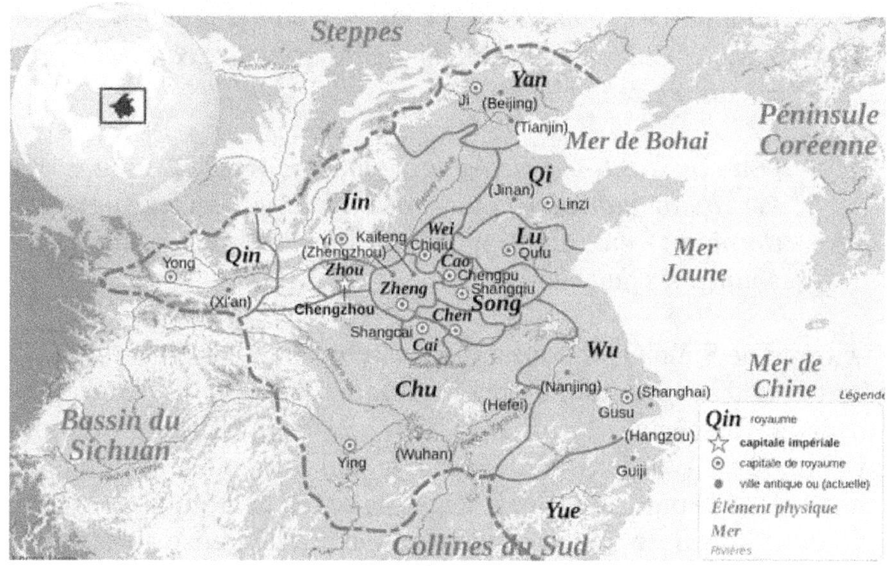

La Chine au Ve siècle av. J.-C.
(période des Printemps et Automnes).
(Source de l'image : Wikimédia)

Le roi Helu a régné sur Wu de -514 à -496. Si son existence est certainement réelle, les évènements qui lui sont attachés sont regardés avec une grande prudence par les historiens.

Des éléments complémentaires relatifs à Sun Tzu apparaissent dans une autre biographie des *Mémoires historiques* : celle du grand stratège Wu Zixu (prononcer « Wou Tzi Su ») :

> *[En 512 av. J.-C.] Helu voulait aller jusqu'à Ying, mais comme Sun Wu lui dit que, les soldats étant épuisés, ce n'était pas possible et qu'il fallait attendre, il s'en retourna. [...]*
> *[En 506 av. J.-C.], le roi de Wu, Helu, dit à Wu Zixu et Sun Wu : « Vous m'aviez dit que je ne pourrais pas entrer dans Ying. Maintenant, est-ce réalisable ? – Le général de Chu Nang Wa est si cupide, lui répondirent-ils, qu'il s'est aliéné les royaumes de Tang et Cai. Si vous tenez à prendre Ying, il vous faut vous allier à ces deux royaumes pour que ce soit*

Le traité de Sima Qian nous apprend qu'avant de devenir roi, Helu était connu sous le nom de prince Guang. Parvenu au trône après avoir fait assassiner le roi Liao, son cousin, il prit alors le nom d'Helu. C'est Wu Zixu, son conseiller, qui lui aurait recommandé Sun Tzu. Aidé par ces deux stratèges, le roi Helu attaqua en -506 le royaume voisin de Chu. Ying, la capitale, fut conquise au cours de la bataille de Boju durant laquelle les 30 000 hommes du Wu défirent les 200 000 hommes du Chu.

La biographie de Sun Tzu par Sima Qian se termine en ces termes :

Du point de vue chronologique, la période évoquée par Sima Qian rend Sun Tzu contemporain de deux autres figures légendaires : Confucius (donné pour être né en -551 dans le royaume de Lu, également situé dans l'actuelle province du Shandong) et Lao Tseu, fondateur du taoïsme, qui serait né en -590 dans le royaume de Chu. Nulle mention n'est faite d'une rencontre du stratège chinois avec l'un de ces philosophes. La véracité historique de ces personnages n'est, de toute façon, plus si certaine pour les historiens...

Sun Tzu et les concubines du roi

En dehors des deux phrases d'introduction étudiées précédemment, complétées de l'évocation furtive dans la partie sur Wu Zixu, la biographie de deux pages que les *Mémoires historiques* consacrent à Sun Tzu se résume à la narration de l'épisode des concubines du roi. Nous reproduisons ici cette biographie dans son intégralité[9] :

> Sun Tzu était un homme de l'État de Qi. Il montra son *Art de la guerre* au roi Helu de l'État de Wu.
>
> Helu lui demanda : « J'ai lu avec attention tes treize chapitres. Peux-tu en appliquer les préceptes à des soldats ? »
>
> Sun Tzu répondit : « Je le puis. »
>
> Helu continua : « Et peux-tu en appliquer les préceptes à des femmes ? »
>
> Sun Tzu répondit : « Je le puis. »
>
> Helu fit donc venir du palais cent-quatre-vingts femmes. Sun Tzu les divisa en deux armées, à la tête desquelles il plaça les deux concubines favorites du roi, puis ordonna que toutes se saisissent d'une lance.
>
> Il demanda alors : « Savez-vous faire la différence entre votre cœur, votre main droite, votre main gauche et votre dos ? » et les femmes répondirent : « Nous le savons ! »
>
> Sun Tzu annonça : « Lorsque je dirai "En avant", vous vous tournerez dans la direction de votre cœur, lorsque je dirai "à gauche", vous vous tournerez dans la direction de votre

---

[9] Le passage est une traduction, aujourd'hui libre de droits, du sinologue français Édouard Chavannes (1865 - 1918).

main gauche, lorsque je dirai "à droite", vous vous tournerez dans la direction de votre main droite, lorsque je dirai "en arrière", vous vous tournerez dans la direction de votre dos. » Les femmes répondirent : « Oui ! » Une fois ces ordres annoncés, il fit préparer les hallebardes et les haches et donna l'ordre de commencer l'exercice. Il fit battre le tambour et ordonna : « À droite ! » et les femmes explosèrent de rire.

Sun Tzu annonça : « Lorsque l'ordre n'est pas clair et n'est pas compris, c'est le général qui est en tort. » Il fit battre à nouveau le tambour et annonça : « À gauche ! » et les femmes explosèrent à nouveau de rire.

Cette fois, Sun Tzu annonça : « Lorsque l'ordre n'est pas clair et n'est pas compris, c'est le général qui est en tort, mais lorsqu'il est énoncé clairement et que les soldats n'obtempèrent pas, c'est leur commandant qui est en tort. » Il ordonna donc que les deux concubines qui dirigeaient les armées fussent exécutées. Le roi de Wu qui observait la scène du haut d'une terrasse vit ses favorites sur le point d'être décapitées et en fut abasourdi.

Il fit dépêcher en bas l'ordre suivant : « Général, j'ai pu constater ton talent à diriger tes soldats. Si je venais à perdre ces deux concubines, ma nourriture perdrait toute saveur. Ne les fais pas décapiter. » Sun Tzu répondit : « Une fois que le général a reçu ses ordres et se trouve sur le terrain, il ne peut accepter même les ordres de son souverain. » Il ordonna que l'exécution se poursuive, et nomma deux nouveaux commandants. Il fit ensuite battre à nouveau l'exercice, et cette fois les femmes tournèrent à droite, à gauche, en face, en arrière, se mettaient à genoux, se levaient, le tout avec précision, sans oser prononcer le moindre mot. Sun Tzu envoya un message pour annoncer au roi : « Les soldats sont prêts et disciplinés. Votre majesté peut les passer en revue dès qu'elle le souhaite. Si Votre majesté le désire, ils n'hésiteront pas à traverser eau et feu.

Le roi de Wu répondit : « Général, fais arrêter l'exercice et rentre au campement ! Je n'ai pas le cœur à descendre pour passer en revue les troupes. » Sun Tzu déclara : « Votre majesté apprécie les belles paroles de ses vassaux, mais est incapable de les faire se réaliser. »

Sur ces mots, Helu s'aperçut que Sun Tzu savait réellement diriger une armée et le nomma général. À l'ouest, il défit l'État de Chu et pénétra la ville de Ying. Au nord, il domina les États de Qi et de Jin et sa célébrité se propagea à travers les seigneurs et Sun Tzu en eut une immense prestance.

Cette anecdote des concubines est la seule histoire ancienne de Sun Tzu qui nous soit parvenue (« ancienne », c'est-à-dire séparée par moins d'un millénaire avec l'existence présumée du personnage). Tous les autres détails sur sa vie ont en effet été inventés à l'époque contemporaine.

La descendance de Sun Tzu

Sun Jian était un célèbre général de la dynastie Han, donné pour avoir vécu de 156 à 191 ap. J.-C. Deux chroniques historiques du IIIe siècle ap. J.-C.[10] affirment qu'il serait un descendant de Sun Tzu. Cette filiation est très suspecte. Nous constatons notamment que la propre lignée de Sun Jian – qui comprendra, entre autres, les quatre premiers empereurs de l'État de Wu – n'est curieusement jamais présentée comme descendant elle-même de Sun Tzu...

Plus intéressant est le cas de Sun Bin.

---

[10] Deux chroniques font état de cette filiation :

- le *Sanguo zhi* (三国志, Chroniques des Trois Royaumes) de Chen Sou (陈寿, 233-297) et Pei Songzhi (裴松之, 372- 451) ;

- le *Wu shu* (吴書, L'histoire de Wu) de Wei Zhao (韦昭, 204-273).

À la suite immédiate de la biographie de Sun Tzu, le 65ᵉ chapitre des Mémoires historiques de Sima Qian expose celle de Sun Bin. Elle commence en ces termes :

Cent ans après que Sunzi eut expiré vint Sun Bin. Sun Bin naquit dans les environs d'Ajuan et était un descendant de Sun Wu.

(Rappel : Sunzi et Sun Wu sont deux appellations de Sun Tzu.)

Sun Bin serait donc un descendant de Sun Tzu. Sun (孙) est le nom de famille et Bin (膑) signifie « rotule », faisant référence au châtiment qu'il subit après avoir été injustement accusé de crime – on lui ôta les rotules. « Bin » n'est donc pas son véritable prénom, mais celui-ci nous demeure inconnu.

La biographie de Sun Bin par Sima Qian est nettement plus fournie en détails historiques que celle de Sun Tzu. Nous y apprenons ainsi les éléments suivants : Cent ans après la mort de Sun Tzu – soit vers la fin du Vᵉ siècle avant J.-C. – Sun Bin naquit dans les environs d'Ajuan. Durant sa jeunesse, Sun Bin étudia la stratégie avec l'un de ses condisciples, Pang Juan. Ce dernier parvint à s'attirer les faveurs du roi de l'État de Wei et fut nommé général. Il demanda alors à Sun Bin de le rejoindre pour le conseiller. Mais Pang Juan se rendit rapidement compte que les talents de Sun Bin, supérieurs aux siens, risquaient de lui porter ombrage. Il prépara un coup monté, faisant accuser Sun Bin d'un méfait dont il était innocent. Sun Bin fut condamné à avoir son visage tatoué (la punition traditionnelle des criminels) et les rotules enlevées.

Devenu paria, Sun Bin profita du passage dans la région d'un émissaire de l'État de Qi pour lui signifier qu'il pourrait mettre ses talents au service de son royaume. Le messager l'y conduisit clandestinement et le présenta à Tian Ji, général en chef du Qi. Ce dernier accueillit Sun Bin et les deux hommes devinrent amis.

Tian Ji était féru de paris de courses de chevaux ; Sun Bin lui conseilla une technique pour gagner à coup sûr à ces jeux. Alors assuré de l'intelligence du stratège, Tian Ji le recommanda auprès du roi de Qi. Ce dernier l'interrogea sur l'art de la guerre et, convaincu de sa compétence, l'engagea comme conseiller.

Deux batailles sont ensuite racontées : celle de Guiling en 354 av. J.-C. et celle de Maling en 342 av. J.-C. Durant celles-ci, les stratagèmes de Sun Bin, agissant comme conseiller de Tian Ji, permirent de remporter la victoire finale. Au cours de la seconde bataille, la ruse de Sun Bin défit Pang Juan, resté fidèle à l'État de Wei.

Les dates présentées se réfèrent à la biographie des *Mémoires historiques*, que nous savons hautement fantaisiste dans le cas de Sun Tzu. D'ailleurs, Sun Bin évoque la cavalerie, qui n'a véritablement été adoptée dans cette région qu'à partir de 320 av. J.-C. Si certains experts émettent l'hypothèse que ces passages relatifs à la cavalerie auraient pu être rajoutés *a posteriori*, le consensus semble toutefois s'établir sur une composition du traité vers la fin du IIIe siècle av. J.-C., voire le IIe.

Bien que la biographie de Sun Bin présente dans les *Mémoires historiques* (Ier siècle av. J.-C.) s'achève sur cette phrase « *La renommée de Sun Bin s'étendit à travers le monde entier et les générations futures continuent de propager son Art de la guerre.* », toute copie du texte de Sun Bin semble avoir disparu dès la fin de la dynastie des Han orientaux (25 à 200 ap. J.-C.). Si le *Livre des Han*[11] (Ier siècle ap. J.-C.) mentionne encore son traité, ce n'est déjà plus le cas un siècle plus tard dans les recensements de livres de stratégie effectué par Cao Cao[12] (155-220).

---

[11] Le *Livre des Han* (汉书) est un classique d'histoire chinoise qui couvre la période des Han occidentaux (-206 à 9 ap. J.-C.). Cette impressionnante somme composée de cent volumes fut achevée en 111 ap. J.-C.

[12] Cao Cao (155-220) était un seigneur de guerre, écrivain et poète. Premier ministre du dernier empereur de la dynastie Han, il se rendit maitre de tout le nord de la Chine et établit les fondations du royaume de Wei dont il reçut à titre posthume le nom d' « empereur Wu ».

Dans les *Mémoires historiques*, Sun Bin est, par endroits, appelé « Sun Tzu » (« maitre Sun »), ce qui a amené plusieurs spécialistes du passé à avancer la théorie que les deux stratèges n'étaient, en réalité, qu'une seule et même personne. Mais en 1972, la découverte d'un exemplaire du traité de Sun Bin dans le tombeau du Yinqueshan (nous y reviendrons) invalida définitivement cette hypothèse.

Sun Tzu : un mythe ?

En dehors des quelques phrases citées précédemment et tirées des biographies de Sun Tzu et Wu Zixu par Sima Qian, nous ne savons rien de l'existence de Sun Tzu. Cela n'empêche toutefois pas les Chinois de produire des biographies détaillées du stratège ! Nous emploierions dès lors plus le terme de biographies romancées, voire de romans biographiques pour décrire ces objets : il est ainsi possible de trouver aujourd'hui sur le sujet un manhua (manga chinois) traduit en français en 10 volumes[13], un roman en anglais de 320 pages[14], ou une série télévisée chinoise de 40 épisodes de 45 minutes chacun[15]...

La vie de Sun Tzu demeure donc un mystère. De nos jours encore, en Chine, elle reste un sujet de débats et de controverses. Nous ne savons, en effet, rien de précis sur l'homme. A-t-il d'ailleurs réellement existé ?...

En dehors des *Mémoires historiques*, aucun texte ancien n'évoque un quelconque stratège du nom de Sun Tzu qui aurait été l'auteur d'un traité militaire. En particulier, aucune mention n'est faite de lui dans l'ouvrage pourtant considéré comme la référence du Ve

---

[13] Li Zhiqing et Li Weimin, *L'Art de la guerre – Sun Tzu*, éditions du Temps, 2006.

[14] Liang Liangxing, *The Story of Sunzi*, éditions Foreign Languages Press, Pékin, 2002.

[15] *Bing Shen* (兵圣), série chinoise produite par Zhang Jizhong, 2008.

siècle av. J.-C. : le *Commentaire de Zuo*[16]. Il se trouve bien d'autres textes faisant état de grands stratèges qui pourraient être assimilés à Sun Tzu, mais en définitive, aucune certitude n'existe. Le sinologue et historien australien Rafe de Crespigny note d'ailleurs[17] que s'il a réellement existé, le statut des « Sun » (le clan de Sun Tzu) n'aurait guère été élevé car, à la différence de toutes les autres grandes familles, la sienne n'est mentionnée dans aucun document : l'auteur de *L'Art de la guerre* n'aurait donc curieusement pas bénéficié de la reconnaissance qui aurait pourtant suffi à sortir sa famille de l'ombre.

Si les *Mémoires historiques* situent Sun Tzu au VIe av. J.-C., les connaissances historiques actuelles datent, en réalité, la composition de son traité à deux siècles plus tard, plus précisément durant la seconde moitié du IVe siècle av. J.-C. De nombreux éléments sont, en effet, anachroniques d'une écriture durant la période des Printemps et Automnes, comme l'organisation militaire décrite (généraux de carrière, troupes d'élite, ...) ou certains équipements évoqués (arbalète, armure pour les fantassins, ...). De même, la stratégie fondée sur la duperie élaborée par Sun Tzu n'avait pas encore cours à l'époque des Printemps et Automnes où la guerre était ritualisée et chevaleresque. Et la forme même du traité (un texte structuré dont les idées personnelles se développent selon un schéma rationnel, plutôt qu'un recueil d'aphorismes)

---

[16] Le *Commentaire de Zuo (Zuo Zhuan,* 左傳), est le principal commentaire des *Annales des Printemps et Automnes* précédemment évoquées. La tradition en attribue la paternité à Zuo Qiuming (Ve siècle av. J.-C.). Il couvre une période plus longue que les *Annales des Printemps et Automnes* (jusqu'en 468 av. J.-C.) et fait référence à des évènements non mentionnés dans celles-ci, qui ne se limitent pas au royaume de Lu. L'ouvrage était soucieux de vérité historique ; ainsi, sur les 37 éclipses mentionnées, 33 ont été vérifiées par la science moderne (nous y trouvons même la première mention connue du passage de la comète de Halley, en 611 av. J.-C.).

[17] Rafe de Crespigny, *Generals of the South - The foundation and early history of the Three Kingdoms state of Wu*, 1990, article paru dans le n°16 de la revue *Asian Studies Monographs*.

n'apparaitra que postérieurement au VIe av. J.-C., tout comme certains idéogrammes chinois présents dans le texte.

Pourquoi alors, si les experts ont démontré cette datation, tant d'ouvrages chinois continuent-ils de se référer à la chronologie fantaisiste de Sima Qian ? Une hypothèse personnelle est que, pour les Chinois, la question de la date de naissance de Sun Tzu pourrait être une question d'honneur. Affirmer que Sun Tzu a vécu au VIe siècle av. J.-C. le consacre incontestablement comme plus ancien stratège du monde. En revanche, si l'écriture du traité ne devait plus remonter qu'à une date proche de -300, les Chinois pourraient alors craindre que la primauté leur soit volée par des auteurs occidentaux tel Énée le Tacticien[18], voire indiens tel Kautilya[19]. Il leur serait en outre toujours à redouter que des textes proto-stratégiques légèrement antérieurs à la date réelle d'écriture de *L'Art de la guerre* refassent un jour surface.

Le fait que cette datation soit équivoque, et que si peu de textes fassent clairement mention d'un personnage d'une telle importance dans l'histoire de la Chine, jette un voile de suspicion sur l'existence même de l'homme. En effet, bien au-delà des problèmes de datation, cette question demeure en suspens : les premières contestations de l'historicité de Sun Tzu sont apparues en Chine dès le XIe siècle. Aujourd'hui, les historiens n'ont toujours pas trouvé de preuves formelles de son existence. Tels Confucius ou Homère, son authenticité pourrait dès lors être, au moins en partie, légendaire.

---

[18] Énée le Tacticien est le plus ancien stratège occidental connu. Militaire grec du IVe siècle av. J.-C., il est l'auteur de plusieurs traités, dont seul celui sur *La poliorcétique* nous est parvenu.

[19] Kautilya est l'auteur, au IVe ou IIIe siècle av. J.-C., de l'*Arthashâstra*, ouvrage majeur de politique, d'économie et de stratégie militaire.

Le monde de Sun Tzu

L'époque des Royaumes combattants

Sun Tzu n'aurait donc pas vécu au VIe siècle av. J.-C., comme l'affirme la tradition, mais au cours de la seconde moitié du IVe siècle av. J.-C., c'est-à-dire durant la période des « Royaumes combattants » (-476 à -221).

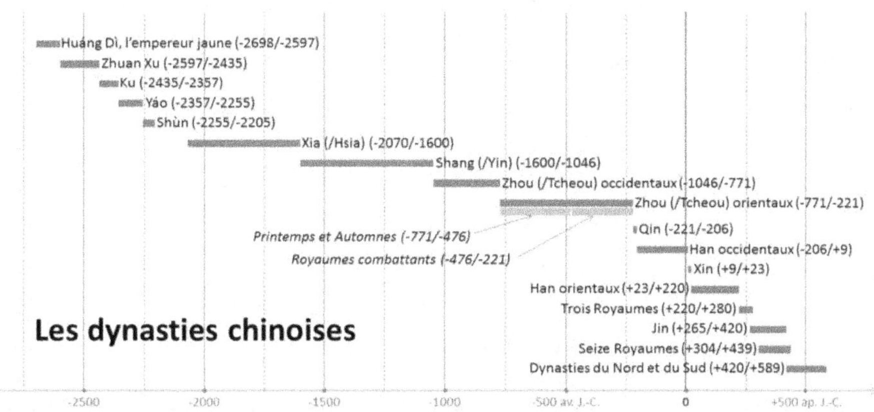

Alors qu'au début de la période des Printemps et Automnes, plus de 150 petits États coexistaient, ils n'étaient plus que sept[20], d'importance considérable, au début de la période des Royaumes combattants ! Les annales chinoises recensent près de 900 combats pour aboutir à cette concentration. En 221 av. J.-C., l'État de Qin écrasa finalement tous ses rivaux et unifia, pour la première fois, le pays qui portera son nom[21]. La période des Royaumes combattants marqua ainsi la fin de l'ère pré-impériale chinoise.

---

[20] Il convient en réalité d'ajouter à ces sept États les deux États « barbares » du sud : Wu et Yue.

[21] « Qin », transcription pinyin du caractère 秦, se prononce « Tchin ». Pour la petite histoire, le mot « Chine » se dit en chinois « Zhong Guo » (中国 – le pays du milieu). Le nom « Chine » est apparu au début de notre ère, lors des premiers voyages en Inde de pèlerins bouddhistes chinois : lorsqu'on leur demandait d'où ils venaient, ils répondaient « Zhong Guo », mais n'étaient pas compris ; alors ils disaient qu'ils venaient du pays de l'empereur Qin : du « pays de Tchin »...

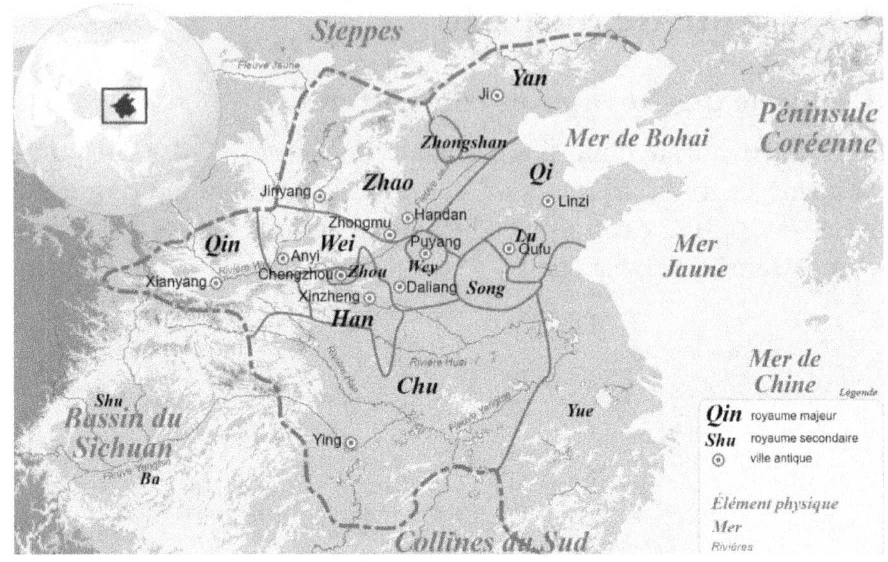

La Chine en 350 av. J.-C.
(période des Royaumes combattants).
(Source de l'image : Wikimédia)

Véritables nations centralisées et militarisées, les États de la période des Royaumes combattants étaient en rivalité permanente. La guerre n'avait alors plus pour objectif, comme aux périodes précédentes, de s'emparer de richesses humaines ou matérielles à la suite d'opérations ponctuelles, mais bien de conquérir un territoire et de le contrôler politiquement. L'univers de Sun Tzu était donc un monde clos, où les territoires pouvaient changer de main mais ne devaient pas être détruits.

Les hommes des Royaumes combattants, en dépit de différences linguistiques et culturelles, appartenaient, dès lors, au même univers : ils se sentaient proches par la civilisation et possédaient une écriture commune ; ils partageaient les mêmes valeurs, se réclamaient de la même tradition et, finalement, aspiraient tous à la restauration d'une unité perdue. Cette situation était, somme toute, similaire à celle de notre monde « globalisé » : les nazis de la Seconde Guerre mondiale ou les communistes de la Guerre froide ne devaient pas être exterminés mais seulement battus, pour qu'il leur soit ensuite imposé le retour dans le « droit chemin ». C'est ce contexte particulier sur lequel Sun Tzu a réfléchi et a livré son système.

La Chine des Royaumes combattants connaissait pourtant un autre type d'affrontements, ignoré par Sun Tzu : la guerre contre les « barbares » qui se pressaient aux frontières. Il ne s'agissait pas dans ce cas d'un voisin que l'on cherchait à absorber : le sinologue français Jean Lévi détaille combien[22] les oppositions entre les deux peuples étaient trop profondes, les modes de vie trop différents et les manières de sentir et de penser trop éloignées pour qu'il puisse y avoir conciliation ; dans le même temps, l'immensité de la steppe rendait illusoire la perspective d'une victoire militaire décisive[23]. La façon d'affronter de tels adversaires était donc fondamentalement différente des guerres « conventionnelles ». Pourtant, ce sujet est passé sous silence dans *L'Art de la guerre*, sans que cela soit explicitement précisé.

Notons que ces barbares auxquels la Chine commençait à se trouver confrontée à partir du Ve siècle av. J.-C. eurent une conséquence, par rebond, sur les autres conflits, avec l'apparition progressive de la cavalerie : instaurée dans les armées chinoises vers -320, il s'agissait d'une réponse directe aux modes opératoires des barbares. Au moment de la rédaction de *L'Art de la guerre*, elle n'était donc pas encore une composante des armées.

---

[22] Jean Lévi, *Réflexions chinoises*, éditions Albin Michel, 2011, p. 138.

[23] Les Chinois n'ont d'ailleurs cessé de s'interroger tout au long de leur histoire sur l'attitude à adopter vis-à-vis de ces barbares, sans jamais trouver de solution satisfaisante : à la différence de l'Empire romain qui les combattait ou les assimilait, allant jusqu'à leur offrir des places au Sénat de Rome, la Chine ne parvenait pas à comprendre comment agir face à eux. Finalement, si les Chinois arriveront bien à en venir à bout en les sinisant, la méthode employée se révèlera particulièrement coûteuse : ils seront vaincus par ces barbares, et ces vainqueurs, devenus rois, deviendront d'après certains historiens progressivement plus orthodoxes que les Chinois d'origine ! Plusieurs dynasties « barbares » règneront ainsi en Chine du Nord pendant la période des « Seize royaumes » (304-439 ap. J.-C.). Surtout, la dynastie mongole des Yuan (1279-1368), puis la dynastie mandchoue des Qinq (1644-1912) marqueront durablement l'histoire chinoise.

À ce moment-là, l'infanterie était devenue la reine du champ de bataille. Elle avait relégué à une position plus subalterne les chars de guerre des nobles, naguère pièces maitresses des engagements. En effet, à l'époque des Printemps et Automnes, la guerre se résumait bien souvent à un engagement au cours duquel deux lignes de chars se ruaient l'une contre l'autre. La ligne enfoncée et dispersée était considérée – et surtout se considérait elle-même – comme vaincue. Le rôle du général consistait alors surtout à mobiliser ses troupes, mettre ses chars en position, puis choisir le « bon moment » du combat, souvent par consultation des augures. Les conflits n'excédaient dès lors pas plus d'une ou deux journées. La période des Royaumes combattants, a contrario, exigea une véritable maitrise de l'art militaire.

Les combattants étaient armés de lances et de javelots aux pointes de fer, mais aussi d'arbalètes. Les effectifs ne cessaient de croître. Les armées étaient composées d'immenses troupes de paysans conscrits. Les vainqueurs bénéficiaient d'une ascension sociale époustouflante, tandis que le sort des vaincus était l'esclavage, la mort et la disparition de leur dynastie.

Les combats devinrent, à cette époque, particulièrement violents et meurtriers. À l'issue d'une campagne du temps des Royaumes combattants, les pertes pouvaient se compter par centaines de milliers de morts[24]. Les victoires à la Pyrrhus n'avaient rien d'enviable. C'est pourquoi, de façon a priori paradoxale, *L'Art de la guerre* livra une théorie guerrière de la non-guerre : Sun Tzu y donnait aux hommes d'État le moyen d'éviter le gâchis de l'affrontement direct grâce à des techniques indirectes permettant d'inhiber l'adversaire, de le paralyser et de le déstructurer, avant même qu'il n'ait pu intervenir militairement.

---

[24] Lors de la bataille de Changping qui opposa en 260 av. J.-C. l'État du Qin à celui du Zhao, le Qin aurait perdu 250 000 soldats (sur 500 000) et le Zhao 450 000 (sur 650 000) ! Les chiffres énoncés dans les chroniques sont probablement exagérés mais témoignent néanmoins de l'importance de la boucherie.

Un environnement philosophique en pleine effervescence

Si les combats incessants eurent à cette époque pour conséquence de détruire les anciens fiefs, ils bouleversèrent également la morale traditionnelle : cette ère, qui fut l'une des plus troublées de l'histoire de Chine, s'avéra aussi être l'une des plus riches intellectuellement. Elle vit l'émergence de grands courants philosophiques, les « Cent Écoles », qui dominèrent les modes de pensée du monde chinois puis du monde sinisé.

Nombre d'écrits alimentèrent cette réflexion : ouvrages administratifs, spéculations cosmiques, discours sur la morale et les rituels, projets sociaux utopiques, ... Leurs doctrines variées allaient constituer les fondations de la pensée politique chinoise pour les 2000 ans à venir, concomitamment à nos philosophes antiques. Les plus célèbres courants issus de cette époque furent ceux des confucéens, des taoïstes et des légistes (ces derniers furent d'ailleurs à l'origine de l'organisation sociale du royaume de Qin, premier unificateur de l'Empire en 221 av. J.-C.).

Selon la conception chinoise classique, la pensée stratégique proprement militaire n'était qu'une branche de la stratégie politique qui, elle-même, découlait d'une réflexion philosophique plus globale. C'est pourquoi de nombreux ouvrages comme le *Dao de jing* de Lao Tseu ou les classiques confucéens traitaient de la question de la guerre. À l'inverse, les écrits militaires comme celui de Sun Tzu, proches en cela du *Prince* de Machiavel, étaient lus autant comme des traités de gouvernement que comme des traités militaires. Notons cependant que, même si Sun Tzu s'inscrit très fortement – sans toutefois y coller parfaitement – dans la pensée taoïste qui lui était contemporaine, *L'Art de la guerre* ne prend pas réellement position sur les grands problèmes philosophiques de son temps.

Alors que l'art de gouverner devenait plus complexe, les princes devaient trouver comment maintenir l'ordre dans leurs États. Émergea ainsi une pensée réaliste centrée sur le pouvoir et sur les moyens de l'acquérir et de le conserver, où l'art du souverain faisait une large place à la guerre. Les conseillers envahirent les cours féodales, prétendant apporter leurs réponses à cette question centrale. Sun Tzu, comme Confucius, fut ainsi un « conseiller du prince ».

Les textes fondateurs de l'art de la guerre en Chine répondaient à ce besoin particulier d'expertise quant à l'administration d'États à la croissance rapide. La pratique de la guerre devenait de plus en plus envahissante et son étude s'avérait vitale pour la survie même de l'État. La nécessité de développer une vision globale de la guerre, prenant en compte des opérations militaires qui s'accroissaient dans l'espace et dans le temps, avait également favorisé l'émergence d'une réflexion stratégique complexe : il ne s'agissait plus uniquement de régler la marche des armées en campagne, mais véritablement de concevoir la guerre dans toutes ses composantes.

La sécurité de l'État étant au cœur des préoccupations de chaque souverain, l'armée était le principal moyen de l'assurer, tant à l'extérieur qu'à l'intérieur du royaume. Les formes d'organisation militaire furent donc progressivement appliquées à la société civile. Les souverains mirent en vigueur des codes juridiques stricts, soutenus par des systèmes sophistiqués de responsabilité mutuelle, de récompenses et de punitions. Accompagnant ces codes, se trouvaient des textes militaires centrés sur la stratégie, les tactiques, l'organisation, la logistique, l'entraînement et la relation du commandant en chef avec l'État.

La période des Royaumes combattants correspondit ainsi à un âge d'or de la réflexion militaire chinoise, qui bouleversa les pratiques guerrières et aboutit à l'unification du monde chinois et la naissance de l'Empire.

L'empreinte de la période

Si *L'Art de la guerre* est aujourd'hui perçu comme atemporel, certains préceptes semblent cependant découler directement des spécificités de la période des Royaumes combattants dans laquelle a évolué Sun Tzu.

Comme nous l'avons vu, l'art du général consistait surtout, durant la période des Printemps et des Automnes, dans le simple choix du « bon moment » (pour attaquer, pour entrer en guerre, etc.). La période des Royaumes combattants au cours de laquelle fut rédigé *L'Art de la guerre* exigeait, elle, une véritable maitrise de l'art militaire. Une différence fondamentale par rapport à celle qui l'avait précédée est que les armées n'étaient plus composées de soldats professionnels, mais de conscrits. Le premier problème qui se posait donc au général était de transformer des paysans, n'y connaissant rien au maniement des armes, en militaires aptes à remporter des victoires. La solution que propose Sun Tzu n'est pas d'avoir une armée de métier, ni même d'instaurer un service militaire (comme le préconisait par exemple son contemporain Wu Zixu), mais bien de faire avec la ressource, aussi inapte soit-elle à la guerre. Stimuler le courage de troupes constituées non pas de soldats professionnels, mais de paysans enrôlés plus ou moins de force, a toujours constitué un des soucis majeurs du commandement dans ce type d'armées (*L'Art de la guerre* de Sun Bin contient d'ailleurs un chapitre entièrement dévolu à cette question). Empruntant à la fois aux écoles philosophiques des stratèges et des légistes, Sun Tzu enjoint de se fonder sur la loi et un système répressif en maniant les récompenses et punitions. De même, il préconise de placer ses soldats dans une position telle que, mis au pied du mur, ils soient contraints de déployer des trésors de bravoure pour assurer leur survie.

Enfin, toute guerre, même victorieuse, pouvait se révéler être une calamité financière. Le désolant tableau présenté par une principauté dont l'économie avait été ruinée par les guerres était de nature à faire réfléchir les princes les plus belliqueux et expliquait pourquoi un stratège comme Sun Tzu se préoccupait si fort du poids que les dépenses militaires faisaient peser sur l'économie d'un État. De fait, la guerre contre une principauté ennemie engendrait fatalement sa part de ruines pour son propre royaume. Et dans un système où existaient sept nations en guerre permanente devant se garder sur tous les fronts, il était vital de ne pas être seul contre tous et de savoir faire combattre les autres à sa place. Voici donc quelques exemples de préceptes semblant directement découler des spécificités de l'univers des Royaumes combattants :

- Passage d'un simple affrontement ponctuel de chars à des combats de fantassins : développement d'un véritable art militaire.
- Passage d'une armée de métier à une armée de conscription : commandement spécifique (récompenses et châtiments, considération pour les subordonnés, ...) afin d'obtenir l'adhésion de la troupe ; placement tactique particulier visant à accroître la combativité.
- Combats très meurtriers : recherche de la reddition de l'adversaire avant l'engagement.
- Nombre élevé d'adversaires potentiels : manœuvres diplomatiques visant à faire combattre les autres à sa place.

Pourrait-on imaginer que Sun Tzu aurait construit un système différent s'il avait réellement vécu à l'époque des Printemps et des Automnes, comme l'affirme la tradition, ou quatre cents ans plus tard, après l'unification de la Chine ? Très certainement. Mais peu importe. L'essentiel est le texte qu'il nous a laissé. Quelles que soient les coulisses de sa composition, le principal est qu'aujourd'hui encore, nous le trouvions toujours d'actualité.

Wu Zixu, compagnon de Sun Tzu et auteur avant lui d'un *Art de la guerre*

Totalement inconnu en Occident[25], le personnage de Wu Zixu (伍子胥, Wŭ Zǐxū en pinyin accentué, prononciation française « Wou Tzi tsu ») est relativement populaire en Chine. Son histoire peut être recomposée à partir de deux grands textes chinois antiques : les

------

[25] De façon inattendue, il est néanmoins bien possible de trouver son histoire dans une publication française déjà évoquée p. 20 : un feuilleton en bandes dessinées (10 « manhuas » : mangas chinois) paru en 2006 aux éditions du Temps. Intitulée *L'Art de la guerre – Sun Tzu*, l'histoire racontée était en réalité plus centrée sur Wu Zixu que sur Sun Tzu.

Mémoires historiques de Sima Qian (le chapitre 66 lui est consacré) et les *Annales de Lü Buwei*[26] ; quelques mentions du personnage peuvent également être trouvées dans certains autres ouvrages. Les histoires diffèrent sensiblement d'un texte à l'autre, témoignant du caractère hautement relatif de cette biographie : à l'instar de Sun Tzu, il n'est ni sûr que les dates soient bonnes, ni même que l'homme ait réellement existé ! Voici donc une version de sa biographie, reconstituée à partir des différentes sources :

Wu Zixu était le fils cadet de Wu She, principal précepteur du prince Jian du royaume de Chu. Afin de détourner l'attention de quelques-unes de ses malversations, le second précepteur du prince convainquit le roi que Wu She fomentait une révolte. Le roi condamna à mort Wu She et le força à écrire à ses fils pour leur demander de rejoindre leur père à la capitale, dans l'intention de les faire exécuter eux aussi. À la réception du message, les deux fils comprirent qu'il s'agissait d'un piège ; mais ils réagirent différemment : l'aîné choisit l'honneur et répondit à l'injonction, sachant qu'il courait à une mort certaine, tandis que Wu Zixu s'enfuit vers le royaume de Wu, jurant de venger son père.

Wu Zixu entra alors au service du roi de Wu, Helu, à qui il offrit en 512 av. J.-C. un traité de stratégie qu'il venait de rédiger[27]. Wu Zixu devint rapidement Premier ministre de Wu. Ayant auparavant fait la connaissance de Sun Tzu avec qui il était devenu ami, il aurait, par six fois, tenté d'introduire ce dernier auprès du roi Helu, mais sans succès[28]. À la dernière tentative, Sun Tzu reçut l'autorisation de faire découvrir son propre traité au roi. Ce dernier fut

---

[26] Lü Buwei, *Printemps et Automnes de Lü Buwei*, traduction d'Ivan P. Kamenarović, éditions du Cerf, 1998.

[27] Bien que le traité de Wu Zixu ait été présenté sous le titre « *L'Art de la guerre* », son véritable intitulé est « Helu », du nom du roi de Wu à qui Wu Zixu remit son traité. « *L'Art de la guerre* » est le titre qui a été donné pour la traduction en chinois moderne, en 2003.

[28] Cette anecdote, très célèbre en Chine, est issue du texte de Zhaoye : *Printemps et Automnes de Wu et de Yue*.

immédiatement fasciné et le prit à son service. Les deux stratèges guerroyèrent alors de nombreuses années côte à côte.

Laissons Sima Qian raconter la suite :

> *[En 495 av. J.-C.], grâce aux plans de Wu Zixu et Sun Wu, Wu avait vaincu le puissant royaume de Chu à l'ouest, dominait ceux de Qi et de Jin au nord et, au sud, avait soumis les gens de Yue.*[29]

À la mort du roi Helu, Fuchai devint le nouveau roi de Wu. Mais ce dernier ne réitéra pas la confiance de son prédécesseur envers Wu Zixu et, lorsque celui-ci le prévint avec insistance du danger que représentait l'État montant de Yue, il ne fut non seulement pas écouté, mais il lui fut même demandé de se suicider ! Wu Zixu s'exécuta en 484 av. J.-C., mais en exigeant que ses yeux fussent prélevés après sa mort pour être accrochés sur les portes de la capitale, afin qu'il puisse lui-même assister à sa prise. La prédiction se réalisa dix ans plus tard, lorsque l'armée de Yue écrasa celle de Wu.

En 1983, des fouilles archéologiques mirent à jour dans la province du Hubei un tombeau de la dynastie des Han occidentaux[30] datant de 186 av. J.-C. Le mode de construction de la tombe, en bois et en terre damée, avait permis une bonne conservation dans ce milieu humide. C'est ainsi qu'une grande quantité de textes sur lamelles de bambou fut découverte et, parmi eux, le traité de Wu Zixu.

Ce dernier était très endommagé : ne subsistaient que 55 lamelles de bambou de 30 cm de long, qui permettaient de lire encore 2093 caractères (le traité de Sun Tzu en compte 7462). Les historiens pensent que le traité retrouvé était incomplet, sans toutefois

---

[29] Sima Qian, *Vies de Chinois illustres*, traduction de Jacques Pimpaneau, éditions You Feng, 2009, p. 63.

[30] Succédant à la dynastie Qin, celle des Han occidentaux s'étendit de 206 av. J.-C. à 9 ap. J.-C.

pouvoir préciser quelle quantité était manquante (les textes anciens chinois n'apportent pas de précision sur sa taille totale). Si les archéologues ont pu déterminer l'année d'enfouissement de la tombe, il n'en est, en revanche, pas allé de même pour la date de rédaction du document enseveli (et encore moins pour la composition du traité original).

L'exploitation de cette découverte ne fut pas immédiate : elle ne fut rendue publique qu'en 2001, et il fallut ensuite attendre 2003 – soit 20 ans après son exhumation – pour qu'une version en chinois moderne soit publiée. Au moment de la parution du présent ouvrage, en 2020, *L'Art de la guerre* de Wu Zixu n'a pas encore été traduit hors de Chine (pas même en anglais).

Ni l'extraordinaire découverte de ce document en 1983, ni sa traduction en chinois moderne en 2003, n'ont été vécues comme une révolution en Chine. Et pour cause : dans l'Empire du milieu, on retient de Wu Zixu qu'il fut un homme politique, oubliant qu'il fut également stratège et théoricien militaire. Il convient de comprendre que son traité fut classé par les premiers archivistes dans la catégorie « ouvrage politique » et non « ouvrage militaire », réduisant de fait considérablement la portée de son œuvre : celle-ci a ainsi toujours été considérée comme l'un des innombrables textes politiques de la période, et non comme un traité militaire précurseur de celui de Sun Tzu. De surcroît, l'absence de référence au texte de Wu Zixu dans la littérature chinoise antique témoigne de sa disparition prématurée (à l'instar de *L'Art de la guerre* de Sun Bin).

Wu Zixu a en outre toujours été un personnage controversé : la morale chinoise lui a, en effet, vivement reproché sa fuite du pays de Chu, alors que le « bon choix » aurait été d'aller mourir avec son père, comme le fit son frère aîné. Cela explique probablement pourquoi la publication de son traité, en 2003, demeura relativement discrète, et continue même d'être méconnue de nos jours en Chine.

Le texte est découpé en neuf chapitres. Cinq concernent la stratégie militaire et quatre s'intéressent plus spécifiquement à l'exercice du pouvoir (sujet peu développé par Sun Tzu). Son contenu est manifestement inférieur en profondeur à celui de Sun Tzu, mais son antériorité par rapport à ce dernier pourrait l'expliquer. S'il ne présente, dès lors, guère d'intérêt pour le militaire contemporain, il s'avère toutefois intéressant dans le cadre de l'étude de l'évolution de la pensée militaire dans l'histoire de la Chine, et particulièrement la genèse de celle de Sun Tzu[31]. Il serait ainsi un proto-*Art de la guerre*. Sous réserve, bien sûr, que l'on acquiert un jour la certitude de son antériorité sur ce dernier.

Si nous nous en tenons à l'histoire racontée par Sima Qian, la rédaction du traité de Wu Zixu est, par rapport à celui de Sun Tzu, effectivement antérieure ou a minima contemporaine :

1) Wu Zixu donne son traité au roi Helu.
2) À la lecture de ce traité, Helu nomme Wu Zixu Premier ministre (en -512).
3) Une fois Premier ministre, Wu Zixu recommande Sun Tzu auprès de Helu.
4) Peut-être Sun Tzu offre-t-il une première ébauche de son traité à Helu.
5) À la lecture de son traité, Helu nomme Sun Tzu général.
6) Au soir de sa vie, devenu ermite, Sun Tzu aurait rédigé, fort de ses expériences militaires, la version définitive de *L'Art de la guerre*.

Signalons qu'une autre version de l'histoire raconte que Wu Zixu et Sun Tzu auraient étudié ensemble l'art de la guerre tandis qu'ils vivaient en ermites au bord du lac Taihu après leur rencontre dans le pays de Wu. Selon cette histoire, les deux traités auraient alors pu être conçus parallèlement. En tout état de cause, ce sujet de l'antériorité ou non du traité de Wu Zixu par rapport à celui de Sun Tzu ne semble pas faire l'objet de débats en Chine, les Chinois ne considérant pas, comme nous l'avons vu, les deux traités sur le

---

[31] Pour une étude comparative des deux traités, cf. Yann Couderc, *Wu Zixu, inspirateur de Sun Tzu*, éditions Amiot, 2017.

même plan. Il convient de toute façon de garder à l'esprit que les dates données dans le texte de Sima Qian sont peu fiables, et même que l'ensemble des évènements rapportés est très fortement sujet à caution.

Remarquons, pour finir, que la présentation des deux traités diffère : alors que celui de Sun Tzu revêt une forme que nous qualifierions aujourd'hui de « classique », celui de Wu Zixu se présente comme un entretien entre le roi Helu et Wu Zixu. Cette forme est caractéristique des œuvres de la dynastie pré-Qin, comme en témoignent les deux autres grands traités militaires de l'époque : celui de Wou Tseu et celui de Sun Bin. Cette différence laisse une nouvelle fois apparaitre tout le modernisme apporté par Sun Tzu.

Les personnages historiques de *L'Art de la guerre*

Afin de préciser les références culturelles propres à l'univers de Sun Tzu, nous allons maintenant nous intéresser aux personnages historiques cités par le stratège chinois dans son traité.

Plusieurs noms propres sont utilisés :

> *« Les Yin durent leur triomphe à la présence de Yi Yin à la cour des Hsia, les Tcheou à celle de Liu Ya chez les Yin. »* (Chapitre 13)

La dynastie des **Yin** (également appelée dynastie Shang) régna de 1600 à 1046 av. J.-C. Elle succéda à celle des **Hsia** (ou Xia[32]), qui régna de 2070 à 1600 av. J.-C.[33], et précéda celle des **Tcheou** (ou Zhou), qui régna de 1046 à 221 av. J.-C.[34]

---

[32] Le sinologue Jean Lévi utilise la transcription EFEO et non pinyin pour sa traduction de *L'Art de la guerre*, traduction qui nous sert de référence. Ainsi, « Hsia » donne « Xia » en pinyin, « Wou » correspond à l'État de « Wu », etc.

[33] Si la dynastie des Yin fut la première historique réellement attestée en Chine, celle des Hsia relève, en revanche, plus de la légende.

[34] Les dates affichées peuvent varier selon les sources.

Yi Yin (伊尹) fut le premier ministre du roi Tang le Victorieux, fondateur de la dynastie des Shang (/Yin) vers 1570 av. J.-C. après avoir renversé le dernier roi des Xia (/Hsia), Jie Gui. L'hagiographie a retenu de Yi Yin son dévouement et sa sagesse, le présentant comme le modèle du loyal serviteur de l'État.

Le personnage « **Liu Ya** » n'est, quant à lui, pas identifié avec certitude. Il s'agit cependant probablement de Liu Wang (également connu sous les noms de Jiang Ziya ou Taigong, 姜尚), conseiller du tyran des Yin avant d'être enrôlé par le roi Wu, fondateur de la dynastie des Zhou en 1046 av. J.-C.

Nous comprenons de la lecture de la phrase de Sun Tzu que Yi Yin et Liu Ya auraient été envoyés chez leurs adversaires (respectivement les Hsia et les Yin) pour y conduire des menées subversives. Le sinologue américain Samuel Griffith rapporte qu'un certain nombre d'exégètes historiques se seraient indignés contre cette affirmation gratuite de Sun Tzu, qui pourrait relever de son invention.

La version du Yinqueshan (cf. p. 49) rajoute d'autres personnages à ce passage :

> *« [??? CARACTERE ILLISIBLE] fut florissant grâce à la présence du général Pi à Hsing et le Yen rayonna grâce aux manœuvres de Sou Ts'in au Ts'i. »* (Traduction de Jean Lévi, non reprise par le groupe Denma)

Si nous ne savons rien du personnage de Pi (/Bi), Sou Ts'in (/Su Qin) est en revanche plus connu : originaire de Luoyang, Sou Ts'in étudia l'art de la rhétorique auprès d'un mystérieux Guigu Zi en même temps que Zhang Yi, autre diplomate célèbre. Il réussit à constituer une ligue de six seigneurs contre la principauté de Ts'i (/Qi). Puis il servit la principauté de Yen (/Yan) en qualité d'agent double au Ts'i, qu'il s'employa à déstabiliser et à isoler. Assassiné en 321 av. J.-C. par des dignitaires jaloux de son crédit, sa traitrise fut découverte et le Ts'i se déchaîna contre le Yen. Ces dates et évènements donnés par les annales sont cependant hautement fantaisistes : nous trouvons ainsi par endroits Sou Ts'in actif des années après sa mort supposée...

Tchou et Kouei :

> *« Une fois jetés dans la mêlée, [les hommes] se battent avec la bravoure des Tchou et des Kouei. »* (Chapitre 11)

Contrairement à ce que la formulation pourrait laisser penser, il n'est pas ici question de peuples mais bien d'individus : « **Tchou** » désigne Tchouan Tchou (ou Zhuan Zhu, 专诸), preux du pays de Yue, qui, en 515 av. J.-C., parvint à tuer le roi rival Leao lors d'un banquet où il avait dissimulé son couteau dans un poisson.

« **Kouei** » désigne quant à lui Ts'ao Kouei (ou Cao Mo, 曹沫). Il s'agissait d'un officier du duc de Lou qui, lors d'une entrevue avec le duc de Qi en 681 av. J.-C., lui arracha par la contrainte la promesse de la restitution des terres qu'il lui avait prises.

Tchou et Kouei sont donc cités ici en antonomases[35] comme personnification de la bravoure.

L'Empereur Jaune et les quatre souverains :

> *« Ces quatre positions avantageuses furent celles qui permirent à l'Empereur Jaune de venir à bout des Quatre Souverains. »* (Chapitre 9)

L'Empereur Jaune (Huáng Dì, 黄帝) est un souverain légendaire qui aurait régné de 2698 à 2597 av. J.-C. Il est considéré comme le père de la civilisation chinoise (particulièrement à partir du XIXe

---

[35] L'antonomase est une figure de langage qui consiste à désigner un personnage par un nom commun ou une périphrase qui en résume le caractère, ou, inversement, à désigner un individu par le personnage dont il rappelle le caractère typique.

siècle) et est perçu comme le dirigeant idéal. Les « **Quatre Souverains** » évoqués par Sun Tzu sont, quant à eux, inconnus.

Des collectifs sont également décrits dans *L'Art de la guerre* : les « gens de Yue » et les « gens de Wou ».

> *« Bien que les gens de Yue et de Wou se détestent, si, traversant le fleuve Bleu sur le même bateau, ils sont pris dans une tempête, ils coopéreront aussi étroitement que la main droite et la main gauche. »* (Chapitre 11)

« **Les gens de Yue et de Wou** » symbolisent l'antagonisme le plus radical, les ennemis jurés : le Wou (ou Wu) était une puissance méridionale située sur la rive nord de l'embouchure du fleuve Bleu (ou Yang-Tsé) ; elle fut détruite par le Yue en 473 av. J.-C.

> *« De notre point de vue, les effectifs des armées du Yue, toutes nombreuses qu'elles sont, ne sauraient peser d'aucune manière sur la décision. »* (Chapitre 6)

L'État de Yue est ici nommé pour donner la mesure de l'éloignement : Yue était un pays excentré et, en dépit de ses nombreuses troupes, son appui était de peu de poids dans le rapport de forces des principautés de la plaine centrale.'Cette excentricité du Yue était un poncif de l'époque.

Enfin, Chouai-jan.

Ce nom propre utilisé dans *L'Art de la guerre* ne désigne pas un humain :

> *« L'armée de l'habile chef de guerre est semblable au grand serpent du mont Heng, le Chouai-jan : quand on attaque sa tête, on rencontre sa queue ; quand on attaque sa queue, on rencontre sa tête ; quand on attaque son ventre, la tête et la queue se portent à son secours. Si l'on me demande si un général peut faire en sorte que ses troupes réagissent comme le Chouai-jan, je répondrai oui. »* (Chapitre 11)

« **Chouai-jan** » est une onomatopée chinoise qui reproduit le bruissement des anneaux du serpent quand il glisse sur le sol. Nous ne savons rien de plus sur ce monstre mythique.

L'insaisissable auteur de *L'Art de la guerre*

Une unicité d'écriture douteuse

Une lecture même superficielle de *L'Art de la guerre* laisse très sceptique quant à la possibilité que le traité ait pu être écrit d'un bloc par un auteur unique. Nous le verrons dans la prochaine partie : les idées sont assez peu ordonnées, voire souvent éparpillées sur tout le texte, donnant une impression de chaos dans l'agencement du propos.

Une explication du mélange de certains préceptes pourrait être très basique : à l'époque, les caractères étaient écrits sur des lattes de bambou d'une trentaine de centimètres. Ces lattes étaient ensuite reliées entre elles par des cordelettes de soie, puis l'ensemble était roulé sur lui-même. Il était facile de rajouter du texte, soit à la fin d'un rouleau (sur d'autres lattes de bambou ensuite rattachées à l'ensemble), soit sous la forme d'un autre fascicule. Mais parfois aussi, des lattes étaient perdues quand une cordelette de soie se rompait ; les lamelles n'étant pas numérotées, il pouvait alors très bien arriver qu'elles se retrouvent mélangées. Une erreur de reconstitution du « puzzle » original aurait ainsi pu se produire à un moment donné sans que personne ne la décèle.

Observons également que *L'Art de la guerre* est empli de **répétitions** :

> *« Qui ignore les objectifs stratégiques des autres princes ne peut conclure d'alliance. Qui ignore la nature du terrain – montueux ou boisé, accidenté ou marécageux – ne pourra faire avancer ses troupes ; qui ne sait faire usage d'éclaireurs sera dans l'incapacité de profiter des avantages topographiques. »* (Chapitre 7)

> *« Qui omet de se tenir au courant des menées des seigneurs ne pourra devancer leurs alliances. Qui ignore la nature du terrain – montagneux ou boisé, accidenté ou marécageux*

– sera bien en peine de conduire une armée ; qui ne sait recourir aux éclaireurs sera incapable de tirer parti des avantages du terrain. » (Chapitre 11)

De façon plus profonde, sur les plans stylistique et linguistique, les spécialistes chinois considèrent que les treize chapitres sont un assemblage de parties composées à différentes époques. Des traces de cet assemblage subsistent encore, malgré le lissage opéré par la traduction ; ainsi, à un moment du traité, surgit un brusque emploi du style narratif, tranchant avec le propos précédent :

« L'eau rapide du torrent arrive à rouler des galets en raison de sa puissance. L'oiseau de proie parvient à briser les reins de sa victime quand il frappe en raison de sa prestesse. Le grand général allie une formidable puissance à une extrême prestesse. Il possède la puissance de l'arbalète bandée et la prestesse de la gâchette.

Quel indescriptible tohu-bohu ! Comme le combat est confus ! et cependant rien ne peut semer le désordre dans leurs rangs. Quel chaos ! quel méli-mélo ! ils sont repliés sur eux-mêmes comme une boule, et pourtant nul ne peut venir à bout de leur disposition.

Le désordre suppose l'ordre, la lâcheté le courage, la faiblesse la force. L'ordre dépend de la répartition en corps, le courage des circonstances et la force de la position. » (Chapitre 5)

Les chercheurs américains du groupe Denma[36] envisagent dès lors que les différents chapitres n'ont pas été composés à la même

---

[36] Le « Groupe Denma » est un groupe de chercheurs américains ayant réalisé des études relatives à l'œuvre de Sun Tzu.

Sun Tse, *L'Art de la guerre*, traduction du chinois vers l'anglais par le groupe Denma et de l'anglais vers le français par Loïc Cohen, éditions Le Courrier du Livre, 2005, p. 135.

période, tant leurs styles sont différents. Pour eux, les textes les plus anciens sont ceux qui constituent les chapitres 8 à 11, caractérisés par des topologies et des listes de terrains, et non, comme dans les chapitres précédents, par des passages conceptuellement sophistiqués. Toutefois, le contenu des chapitres est si profondément mélangé qu'il est quasiment impossible de distinguer clairement les strates successives.

L'émergence progressive du texte

Si l'écriture de *L'Art de la guerre* par un auteur unique, qui plus est réel et nommé Sun Tzu, est hautement sujette à caution, nous avons une certitude : le traité que nous connaissons aujourd'hui sous le titre de « *L'Art de la guerre* » est un texte ancien, dont l'existence est attestée depuis au moins 2200 ans. Mais d'où provient ce texte ?

Le sinologue Jean Lévi estime que le traité qui nous sert aujourd'hui de référence est très certainement le produit d'un « long processus de sédimentation de réflexions stratégiques »[37], celle-ci ne se cristallisant sous la forme d'un manuel que durant la seconde moitié du IVe siècle av. J.-C.

Le groupe Denma va plus loin dans la description du processus de création, se calquant sur le modèle aujourd'hui admis de composition des *Entretiens* de Confucius : les pensées de Sun Tzu auraient été compilées des années après sa mort à partir de la tradition orale (chaque chapitre de *L'Art de la guerre* commence d'ailleurs par ces mots : « Maitre Sun a dit »). Comme la plupart des textes de cette période, celui de Sun Tzu serait ainsi une collection, une anthologie créée, préservée et enrichie par des membres de sa lignée. Plus précisément, à une époque non établie, un rédacteur faisant autorité (différent de Sun Tzu) aurait ordonné ce corps de connaissances, en créant peut-être des regroupements qui deviendront plus tard les chapitres. Il se peut qu'il ait placé les textes essentiels au début et qu'il ait ajouté des commentaires

---

[37] Jean Lévi, *Présentation* de Sun Tzu, *L'Art de la guerre*, éditions Pluriel, 2015, p.16.

personnels afin de structurer l'ensemble. Le premier traité écrit aurait alors émergé, aux côtés de versions orales plus fluides. Un processus d'amélioration se serait alors enclenché, et les générations successives de cette lignée auraient également pu ajouter des matériaux nouveaux à cette « première édition ». Le groupe Denma romance ainsi cette phase d'élaboration :

> *« Nous pouvons imaginer un maître impressionnant en train d'exposer devant ses disciples un ensemble de doctrines, certaines de son cru, d'autres issues de sources extérieures. Après la mort du maître, ce groupe de disciples se constitue en une lignée. Leur bien le plus précieux est ce corps de connaissances qu'ils préservent et transmettent aux disciples les plus éminents, l'essence des dits du maître étant peut-être consignée sous forme écrite. Les générations suivantes enrichissent ce corps, car des matériaux nouveaux, mais en accord avec ceux du maître, apparaissent en réponse aux conditions changeantes du monde. Ce matériel nouveau se fond totalement dans le discours du patriarche, et peut donc, d'une certaine manière, lui être attribué. Ces retouches sont acceptées parce que ses successeurs ont si bien assimilé ses enseignements qu'ils peuvent s'exprimer de l'intérieur de cette tradition. Dans cette perspective, la question du faux ne se pose pas, puisqu'il est impossible de distinguer l'œuvre du maître de celle de ses disciples. »*

Cette composition par couches successives a pu survivre car le texte de Sun Tzu se présente plus comme l'affirmation d'un point de vue que comme une argumentation. Ce procédé qui incorpore des conceptions successives a probablement permis au texte de se développer et se modifier sans compromettre les éléments structurels essentiels. C'est pourquoi la puissance de *L'Art de la guerre* se manifeste tant sur le plan du contenu que, paradoxalement, sur celui de la forme.

Un autre motif d'évolution du texte provient des transformations de la langue chinoise. La langue littéraire classique utilisée à l'époque de Sun Tzu, le *guwen*[38], était en effet un idiome ésotérique. Concise à l'extrême et utilisée initialement pour la divination, elle servait admirablement la poésie et, plutôt que de révéler une pensée, laissait le lecteur la deviner. Les évolutions successives du chinois pouvaient alors engendrer, à l'instar d'une traduction, des modifications de sens : si un caractère plus précis apparaissait, il pouvait, certes, clarifier une maxime amphibologique, mais prenait dès lors parti pour une acception et fermait la porte aux autres interprétations possibles du caractère original. Encore aujourd'hui, la simple transcription en chinois moderne des manuscrits du XIe siècle est sujette à de nombreuses interprétations, le sens de certaines phrases ou de certains caractères demeurant source de débats en Chine. Et il ne s'agit pas toujours de nuances : le traducteur Samuel Griffith souligne par exemple que le « *pillez en terre de diligence* » du chapitre 11 devrait, selon certains commentateurs, être au contraire traduit par : « *ne pillez pas* ». L'exact opposé !

Quoiqu'il en soit, quand bien même la rédaction de *L'Art de la guerre* aurait été l'œuvre de ses disciples ou de ses descendants, ce serait faire preuve d'anachronisme que de renier à Sun Tzu la paternité du texte pour la raison qu'il ne l'aurait pas réellement écrit de sa main. Car il s'agissait là du processus normal de composition d'un traité : en Chine, la plupart des ouvrages philosophiques issus de l'enseignement d'un maitre ayant donné naissance à une tradition ou une école, portaient simplement le nom de ce maitre, et ce, même si ce dernier n'en avait bien souvent pas écrit une seule ligne. Ainsi ont été désignés le « *Laozi* » (aujourd'hui baptisé *Dao de jing*), le *Zhuangzi*, le *Wenzi*, ou... le *Sun Zi* (rappelons que « zi » signifie « maitre », et s'écrit « Tzu » en transcription Wade-Giles).

---

[38] Précision : Le chinois classique (古文, *guwen*) renvoie à la langue chinoise écrite du premier millénaire avant J.-C. Le chinois littéraire (文言, *wenyan*) lui a succédé jusqu'au début du XXe siècle, où il fut alors remplacé dans les écrits par le chinois vernaculaire (白話, *baihua*). Ce dernier, plus proche du chinois parlé, est une langue véritablement différente des deux précédentes, et non une simple évolution.

Une fixation du texte 500 ans après la mort de Sun Tzu

Bien que Sun Tzu ait formalisé sa pensée durant la seconde moitié du IVe siècle av. J.-C., il apparait que le traité lui-même n'a été figé dans sa forme actuelle que bien plus tardivement : le processus de composition par ajouts et corrections successifs a généré de nombreuses variantes du texte primitif ; les erreurs, les corrections ou améliorations du texte par le copiste, ainsi que les adjonctions de commentaires ou de précisions, ont, à chaque fois, pu produire des variations du traité. Ces dernières ont pu coexister en parallèle.

Un homme clé intervenait alors dans le processus de fixation des textes : le compilateur. Ce dernier, bibliothécaire le plus souvent, avait un rôle fondamental. Il réunissait l'ensemble des matériaux en un seul et même ouvrage, en écartant les écrits qui lui semblaient ne pas appartenir au même courant, en sélectionnant les versions qui lui paraissaient recevables, en éliminant les doublets, et en établissant le « texte correct ».

À partir du Ier siècle av. J.-C., un véritable travail éditorial commença ainsi à être mené par Liu Xiang, grand bibliothécaire de la dynastie des Han. Celui-ci amenda et révisa nombre de documents anciens, dont celui de Sun Tzu. Le contenu ne fut toutefois totalement figé qu'à la fin du IIe siècle ap. J.-C. par le grand général et homme d'État Cao Cao[39]. Ce dernier, après un important travail de confrontation des variantes, aboutit à un texte ambitionnant d'être une référence. L'entreprise fut une réussite, puisque c'est effectivement cette version que nous utilisons aujourd'hui.

Le contenu du traité ne se stabilisa pas pour autant après Cao Cao : les anciens textes continuèrent d'exister et même d'évoluer encore. Cependant, au XIe siècle, sous la dynastie Song, *L'Art de la guerre* fut érigé au rang de « grand classique militaire » qu'il fallait absolument maitriser pour passer les examens de fonctionnaire militaire impérial. La renommée de Cao Cao fit retenir son texte

---

[39] Cf. note 12, p. 12.

parmi tous ceux encore en circulation. L'imprimerie, apparue en Chine dès le VIIe siècle, mit fin à la prolifération des autres versions du traité en assurant une diffusion industrielle de celle désormais reconnue comme officielle.

L'Art de la guerre que nous connaissons aujourd'hui est donc le résultat d'un véritable choix éditorial accompli par des compilateurs entre une masse considérable de matériaux militaires rattachés à l'école de Sun Tzu. Les exégètes actuels suspectent cependant que des commentaires subsistent encore à différents endroits du traité ; certains traducteurs font état de ces soupçons, tel le sinologue américain Samuel Griffith, qui précise par exemple dans une note de bas de page :

> *Ce verset est suivi de sept courts versets qui donnent une nouvelle définition des termes déjà expliqués aux versets 2 à 10 inclus. Il semble qu'il s'agisse de commentaires qui se sont glissés dans le texte.*[40]

Abordons maintenant un dernier point : le titre de l'œuvre. À l'époque de Sun Tzu, les traités n'étaient la plupart du temps désignés que par le nom de leur auteur. Il n'était ainsi question que du « Sun Tzu ». Il était toutefois possible de trouver dans les recensements bibliographiques une appellation un peu plus descriptive, comme « les treize chapitres de (ou du) Sun Tzu », voire, dans le *Livre des Han*, datant du Ier siècle ap. J.-C., le terme *Sun Zi Bing Fa* : « *L'Art de la guerre* de maitre Sun ». Il est cependant intéressant de noter qu'au XVIIIe siècle, lorsque le père Amiot (tout premier traducteur occidental de Sun Tzu) transcrivit le texte qu'il avait en sa possession, il l'intitula « Les Treize Articles de Sun-tse ». Le titre « L'Art de la guerre » ne s'officialisa en Occident qu'au XXe siècle, avec la traduction du Britannique Lionel Giles parue en 1910 sous le titre « Sun Tzu – On the Art of War: The oldest military treatise in the world ». En 1963, l'Américain Samuel

---

[40] Sun Tzu, *L'Art de la guerre*, traduction du chinois vers l'anglais de Samuel B. Griffith et de l'anglais vers le français de Francis Wang, éditions Flammarion, 2008 (édition originale : 1972), p.177.

Griffith imposa définitivement l'appellation « L'Art de la guerre » avec sa traduction de référence. De même, en Chine, le traité n'est plus connu aujourd'hui que sous son seul nom de « Sun Zi Bing Fa » (孫 子 兵 法 : « L'Art de la guerre de maitre Sun »).

Un traité intégral

Le doute peut légitiment s'installer quant à l'exhaustivité du texte qui nous est parvenu. En effet, certaines parties semblent, de toute évidence, manquantes. Plusieurs énumérations péremptoires ne sont ainsi suivies d'aucunes explications, comme :

> « *L'analyse stratégique comprend : les superficies, les quantités, les effectifs, la balance des forces, la supériorité.* » (Chapitre 4)

... sans que ne soient fournies plus de précisions. Bien des passages de *L'Art de la guerre* laissent un goût d'inachevé, voire donnent nettement l'impression que le traité est incomplet.

Si les *Mémoires historiques* de Sima Qian (fin du Ier siècle av. J.-C.) ne font bien état que de treize chapitres que Sun Tzu aurait remis au roi de Wu pour se faire admettre en audience, la première liste de livres établie en Chine – un catalogue de la bibliothèque impériale réalisé à la même époque – signale la présence d'un « Sun Tzu » composé de 82 fascicules. Et d'un autre composé de 89 ! Soit six fois plus que le texte standard[41]... L'hypothèse a donc été formulée que des parties du *Sun Tzu* auraient pu être perdues. À

---

[41] La bibliographie du *Livre des Han* (Ier siècle av. J.-C.) mentionne à la section « Arts de la guerre » deux ouvrages portant le titre de « Sun Tzu » : l'un dit « Sun Tzu de Qi » et l'autre « Sun Tzu de Wu ». Il s'agit sans doute de deux éditions différentes correspondant à deux traditions régionales d'une même école stratégique : celle du royaume de Qi (dont il était originaire) et celle du royaume de Wu (où il s'illustra selon la légende). L'une est en 82 chapitres et l'autre en 89. Toutes deux comportaient des cartes et des diagrammes. Cela explique d'ailleurs pourquoi le père Amiot, tout premier traducteur de *L'Art de la guerre* en 1772, affirmait de façon péremptoire en présentation de sa traduction : « *Cet ouvrage était en quatre-vingt-deux chapitres ; il n'en reste que treize.* »

l'appui de cette théorie, quelques aperçus de ces « fragments disparus » pouvaient même être lus dans les encyclopédies chinoises du VIe au XIIe siècle ap. J-C., dont les chapitres militaires évoquaient fréquemment *L'Art de la guerre* : les préceptes cités n'y correspondaient en effet pas toujours au texte standard, et si certains n'étaient que des variantes mineures, d'autres ne coïncidaient en revanche à aucun passage du texte actuel.

L'explication de ces parties manquantes pourrait provenir du fait que la notion de « livres » telle que nous la comprenons aujourd'hui n'existait pas à l'époque : les ouvrages n'étaient pas organisés de façon cohérente en chapitres, mais se présentaient plutôt sous la forme d'un assortiment d'essais, de leçons dispensées par un maitre et recueillies par les disciples. Ainsi étaient regroupés le texte de *L'Art de la guerre*, des dialogues entre le roi de Wu et Sun Tzu, une biographie de Sun Tzu, des développements stratégiques parallèles, des cartes, des diagrammes, etc. Une grande partie de ces matériaux est d'ailleurs connue et a notamment été trouvée dans la tombe du Yinqueshan (nous y reviendrons dans le prochain chapitre). Plusieurs versions pouvaient également être mises les unes à la suite des autres. En définitive, le texte de ce qui constitue aujourd'hui *L'Art de la guerre* a peut-être, à un moment donné, réellement fait partie d'une masse plus importante de matériaux militaires rattachés à l'école de Sun Tzu, pouvant au total former 82 (ou 89) fascicules.

C'est pourquoi le consensus des historiens chinois semble aujourd'hui s'établir sur le fait que le strict traité de Sun Tzu n'a toujours comporté que treize articles, et que la « preuve » fournie par le catalogue de la bibliothèque impériale de la fin du Ier siècle av. J.-C., ainsi que les fameux « fragments perdus » figurant dans les encyclopédies ultérieures, ne sont pas réellement recevables. Croyance renforcée par la découverte des manuscrits du Yinqueshan datant d'environ 180 av. J.-C., où le traité n'apparaissait bien qu'en treize chapitres, le reste étant des matériaux distincts.

Le manuscrit du Yinqueshan : une lucarne ouverte sur le processus de composition

Jusqu'à récemment, la plus ancienne version du traité que nous possédions ne datait que du XIᵉ siècle ap. J.-C. ; mais en 1972, des fouilles archéologiques mirent au jour la tombe d'un dignitaire militaire qui s'était fait enterrer avec sa bibliothèque. Cette tombe datait d'environ 130 av. J.-C. Parmi les ouvrages retrouvés, se figurait une version de *L'Art de la guerre* du début du IIᵉ siècle av. J.-C. Le document était très endommagé, et seulement 40 % du texte a pu être reconstitué. Pourtant, en dépit de son état fragmentaire, sa découverte se révéla être une révolution pour notre connaissance de Sun Tzu. La tombe se situait dans la région chinoise du Yinqueshan, près de la ville de Linyi, dans la province du Shandong qui correspond en partie aux frontières de l'ancien État de Qi où serait né Sun Tzu.

La partie encore exploitable du document présentait un texte relativement proche de la version que nous connaissons aujourd'hui, mais cependant pas identique. 300 différences de formulation y figuraient, qui affectaient environ 5 % du texte. La plupart étaient minimes, concernant seulement la qualité de la langue : les liaisons de la version du Yinqueshan étaient moins explicites et les maximes s'y révélaient presque toujours plus brèves et plus difficiles à comprendre (indication claire de leur caractère précoce, étant donné que les textes tendent naturellement à devenir plus intelligibles et plus longs au fur et à mesure de leur transmission). En outre, des éléments qui apparaissaient non appariés dans le texte du Yinqueshan ont par la suite été modifiés en des phrases parallèles et bien équilibrées que la prose chinoise classique prisait particulièrement. Au fil du temps, le style légèrement brut et laconique de départ s'est donc progressivement raffiné.

Le manuscrit du Yinqueshan comportait également quelques détails qui illustrent bien à quel point, même après sa première fixation sur bambou, l'enseignement de Sun Tzu est resté ouvert à des ajouts : à la liste des grands hommes dont l'activité d'agents doubles permit à des royaumes de s'assurer l'hégémonie (« *Les Yin durent leur triomphe à la présence de Yi Yin à la cour des Hsia, les Tcheou à celle de Liu Ya chez les Yin.* », chapitre 13), s'ajoutait le nom de Su Qin, dont le rôle d'espion à la solde du Yen n'a été révélé qu'à la suite de son assassinat en 321 av. J.-C. Or, nous savons que le traité a dû commencer d'exister formellement un peu avant cette période... Cet exemple illustre bien que, dans la mesure où le nouveau matériel était en accord avec les principes fondamentaux du maitre, le texte de son enseignement admettait une certaine plasticité.

Cette plasticité pouvait également affecter le contenu même du propos. En fournissant une version alternative du texte, la découverte du manuscrit du Yinqueshan a, en effet, permis d'interroger quelques préceptes tenus pour acquis. Ainsi, par exemple, la maxime suivante du chapitre 4 :

> « *Faute de forces suffisantes, on se défend pour n'attaquer que lorsqu'elles sont en excédent.* » (Jean Lévi)

> Autrement dit : *La défense est dictée par un effectif insuffisant. L'attaque est dictée par un effectif surabondant.*

Elle postule que l'on ne peut se permettre d'attaquer en l'absence d'un volume de forces suffisant. Mais le texte découvert en 1972 affirme l'inverse :

> « *La défense est dictée par un effectif surabondant. L'attaque est dictée par un effectif insuffisant.* » (Groupe Denma)

Selon cette dernière formulation, des effectifs surabondants inciteraient à rester dans une posture défensive, alors qu'avec des effectifs insuffisants il n'y aurait d'autre issue que dans la prise d'initiative. Le texte découvert en 1972 exprime donc une compréhension du conflit tout aussi recevable, voire plus profonde, mais opposée.

Enfin, des maximes orphelines figurent dans le manuscrit du Yinqueshan. Il semble dans ce cas que des commentaires se soient retrouvés incorporés au texte du traité. Par exemple, la maxime du chapitre 8 « *Il est des voies à ne pas emprunter, des villes à ne pas investir, des armées à ne pas affronter, des provinces à ne pas conquérir, des ordres royaux à ne pas obéir.* » se poursuit par le passage ci-dessous, qui ne figure plus dans la version actuelle et qui ressemble fort à un commentaire incorporé *a posteriori* :

> *« Il est des routes à ne pas emprunter : cela signifie que si l'on ne s'y engage qu'à moitié, on ne pourra pas atteindre les objectifs fixés et que si on s'y engage profondément, on n'obtiendra aucun bénéfice par la suite ; de sorte qu'il est désavantageux de bouger ; mais à rester sur place, on risque de se trouver encerclé.*

> *On n'attaque pas une armée même quand on en a les moyens : cela signifie que me trouvant face à face avec l'adversaire, bien que je dispose de forces suffisantes pour lui livrer combat et suis en mesure d'acculer son général, je calcule, qu'à long terme, ils ont de leur côté la puissance d'un stratagème extraordinaire et la possibilité d'un coup habile... Dans un cas semblable, on s'abstient de livrer combat même si on le peut.*

> *Des villes à ne pas attaquer : c'est-à-dire que même au cas où je dispose de forces suffisantes pour emporter la place, si je l'emporte, une fois conquise je ne pourrai la garder, sans être en mesure de remporter un avantage pour la suite des opérations.*

> *Des terres qu'on s'abstient de conquérir : ce sont des contrées montagneuses ou humides, sur lesquelles rien ne pousse... »* (Traduction de Jean Lévi)

Il serait en définitive possible de se demander si le manuscrit du Yinqueshan pourrait n'être qu'une très mauvaise copie à laquelle il ne faudrait accorder aucun crédit. « Non », affirme le groupe

Denma : dans la plupart des cas où le texte du Yinqueshan diffère du texte « standard » (celui du XIᵉ siècle), il est en effet possible de trouver une encyclopédie médiévale chinoise pour attester cette version alternative du texte ; ce qui prouve bien que la version du Yinqueshan était toujours vivante mille ans plus tard, et qu'elle ne fut définitivement abandonnée que lors de l'uniformisation du XIᵉ siècle.

Le plus ancien traité de stratégie ?

Nous avons vu que la base de *L'Art de la guerre* a certainement été composée au IVᵉ siècle av. J.-C., et non au VIᵉ siècle av. J.-C. comme l'affirme la tradition. Dès lors, si le texte ne date « que » du IVᵉ siècle av. J.-C., s'agit-il bien du plus ancien traité de stratégie connu ?

Notons tout de suite qu'il n'est pas le plus ancien traité militaire. Si très peu nous sont parvenus, l'existence de textes antérieurs à *L'Art de la guerre* est attestée par le recensement de catalogues de bibliothèques, voire de citations présentes dans des ouvrages postérieurs. Sun Tzu cite d'ailleurs lui-même l'un de ces textes, le « Jun zheng », que l'on peut traduire par « De l'administration des forces armées »[42] :

> « *C'est pourquoi, selon le Jun zheng : "Lorsqu'on ne peut s'entendre il faut utiliser gongs et tambours ; lorsqu'on ne peut se voir, il faut utiliser étendards et drapeaux."* »
> (Chapitre 7, traduction de Valérie Niquet)

---

[42] « Jun zheng » est la traduction de Valérie Niquet, « De l'administration des forces armées » celle de Tang Jialong, « Le livre de la stratégie militaire » celle du groupe Denma. Jean Lévi ne traduit pas directement le titre de ce traité, préférant user d'une tournure impersonnelle. La raison en est que nous n'avons plus aucune trace de l'ouvrage militaire dont il est ici question ; chaque traducteur tente donc de rendre ce passage comme il lui semble le plus judicieux. Il est toutefois très probable que cette phrase soit une inclusion dans le texte original d'un commentaire d'auteur ultérieur.

Nous avons également vu que récemment, des fouilles archéologiques avaient mis au jour un texte attribué à Wu Zixu qui présentait toutes les caractéristiques d'un proto-*Art de la guerre*. Des écrits militaires ont donc précédé ou été contemporains du traité de Sun Tzu. En Asie, l'*Arthashâstra* de Kautilya, datant du IIIe ou IVe siècle av. J.-C., est l'ouvrage-phare de l'Inde ; mais sa lecture fait immédiatement apparaitre une profondeur bien moins grande que celle de Sun Tzu dès lors qu'il s'agit de stratégie militaire. En Occident, les écrits les plus aboutis sont sans doute ceux du Grec Énée le Tacticien, dont il ne nous reste plus que le traité sur la *Poliorcétique*. Toutefois, nous ne pouvons pas réellement rattacher ses écrits à la stratégie, mais plutôt à la tactique. Comme le souligne le stratégiste français Hervé Coutau-Bégarie :

> La quasi-totalité de la tradition stratégique de l'Antiquité gréco-romaine consistait en traités spécialisés (Énée le Tacticien), en recueils de stratagèmes (Frontin), en récits de campagnes par les historiens (Thucydide, Polybe, Tacite, Flavius-Josèphe) ou en mémoires de guerre (Xénophon, César). Les Grecs, qui nous ont énormément transmis en philosophie, ne nous ont paradoxalement pas laissé de véritable littérature stratégique, et les Romains, en dépit de leurs éblouissantes réussites militaires, n'ont pas non plus eu de production livresque en rapport. [43]

S'il n'est pas à exclure que des ouvrages antérieurs à *L'Art de la guerre* refassent un jour surface, à l'instar du traité de Wu Zixu en 1983, force est de reconnaitre que la différence de profondeur entre Sun Tzu et nos penseurs antiques est très largement en faveur du stratège chinois. Toujours selon Hervé Coutau-Bégarie, le premier véritable auteur occidental de niveau stratégique, Végèce[44],

---

[43] Hervé Coutau-Bégarie, *Traité de stratégie*, 7e édition, éditions Economica, 2011, p. 169.

[44] Végèce était un médecin et écrivain militaire romain de la fin du IVe siècle et du début du Ve ap. J.-C. Son *De Re Militari* (« Traité de l'art militaire » ou « Abrégé

n'apparaitra en Occident qu'au Ve siècle (ap. J.-C. !...). Et encore : s'il a bien eu une influence immense jusqu'au début du XIXe siècle (il était encore réédité aux États-Unis durant la guerre anglo-américaine de 1812-1814), son contenu parait bien fade en regard de celui de Sun Tzu : aujourd'hui, à l'exception de la maxime « Si vis pacem para bellum » (« Si tu veux la paix, prépare la guerre »), il ne nous reste plus guère d'enseignements à garder de son traité, qui n'a, dès lors, plus de valeur que pour les historiens. *L'Art de la guerre* reste, lui, plus que jamais une référence pour les stratèges.

---

des questions militaires ») aura une grande influence au Moyen Âge en étant le premier ouvrage à tenter une synthèse de tous les aspects de la stratégie et de la tactique héritées de Rome.

La forme

Le chaos dans la construction

Un patchwork stylistique

La constitution du traité par strates successives (cf. p. 42), conduit à un mélange de différents styles d'écriture. Une fois passé le lissage de la traduction en français, les plus emblématiques restes en sont les envolées lyriques qui surgissent par endroits :

> *« Qui sait user des moyens extraordinaires est infini comme le Ciel et la Terre, inépuisable comme l'eau des grands fleuves. Il est le Soleil et la Lune qui disparaissent et réapparaissent tour à tour, il est le cycle des saisons qui expirent et renaissent en une ronde sans fin. »* (Chapitre 5)

Cette impression poétique peut également résulter de l'usage de références historiques ou culturelles :

> *« Une fois jetés dans la mêlée, [les hommes] se battent avec la bravoure des Tchou et des Kouei. L'armée de l'habile chef de guerre est semblable au grand serpent du mont Heng, le Chouai-jan : quand on attaque sa tête, on rencontre sa queue ; quand on attaque sa queue, on rencontre sa tête ; quand on attaque son ventre, la tête et la queue se portent à son secours. Si l'on me demande si un général peut faire en sorte que ses troupes réagissent comme le Chouai-jan, je répondrai oui. En effet, bien que les gens de Yue et de Wou se détestent, si, traversant le fleuve Bleu sur le même bateau, ils sont pris dans une tempête, ils coopéreront aussi étroitement que la main droite et la main gauche. »* (Chapitre 11)

Un autre style, très commun à l'époque de Sun Tzu, est celui des listes :

« Une armée peut connaître la fuite, le relâchement, l'enlisement, l'écroulement, le désordre, la déroute. Ces six malheurs ne tombent pas du Ciel mais proviennent d'une erreur du commandement. » (Chapitre 10)

Notons que si cette présentation sous forme d'énumérations se développe aujourd'hui de plus en plus dans l'entreprise (probablement sous l'impulsion des puces PowerPoint), la plupart des traducteurs optent pour un rendu plus littéraire des propos de Sun Tzu en formant des phrases complètes. Cette option n'est cependant pas retenue par tous les traducteurs, qui préfèrent parfois conserver la structure de listes, plus fidèle au style suntzéen.

Des propos elliptiques

Dans un texte militaire occidental « classique » (tel le présent ouvrage), le traitement d'un concept s'étend sur plusieurs pages, voire plusieurs chapitres, avec force explications et, éventuellement, exemples historiques illustrant le bien-fondé du propos. Ce n'est pas le cas de *L'Art de la guerre* : lorsque Sun Tzu justifie ses injonctions, les explications s'avèrent relativement succinctes. Par exemple, dans le paragraphe suivant où il précise pourquoi il convient d'utiliser les signaux sonores et visuels pour transmettre les ordres aux troupes (en gras) :

*« On [supplée] à la voix par le tambour et les cloches ; à l'œil par les étendards et les guidons. **Signaux sonores et visuels étant perçus par tous, ils permettent de souder les mouvements des troupes en un seul corps, si bien que les braves ne se ruent pas seuls à l'assaut sans en avoir reçu l'ordre et les pleutres ne battent pas en retraite de leur propre initiative. Tel est le moyen de faire manœuvrer de larges masses.** C'est pourquoi, la nuit, on utilise de préférence les feux et les tambours, et, le jour, les bannières et les drapeaux ; cela afin de s'adapter au mieux aux facultés visuelles et auditives. »* (Chapitre 7)

Sun Tzu évoque ici un procédé, en expliquant qu'il est l'unique moyen de faire manœuvrer de larges masses. Aucune autre considération (telle la nécessité de voir les ordres du général rapidement exécutés, c'est-à-dire disposer d'une chaîne de commandement efficace) ni aucune illustration historique ne figure.

La concision du propos est parfois telle qu'injonctions et explications peuvent se révéler entremêlées :

> *« S'il ne sait où je vais porter l'offensive, l'ennemi est obligé de se défendre sur tous les fronts. Alors qu'il a éparpillé ses forces en de multiples points, je concentre les miennes sur quelques-uns, de sorte que je ne rencontre jamais que de faibles troupes. »* (Chapitre 6)

Ici, l'injonction de créer l'incertitude sur ses intentions (« s'il ne sait où je vais porter l'offensive ») figure dans la même phrase que l'explication : « l'ennemi sera alors obligé d'éparpiller ses forces pour se défendre sur tous les fronts ; ainsi, lorsque je l'attaquerai, je ne rencontrerai que de faibles troupes à l'endroit où, moi, j'aurai concentré mes troupes ».

Il arrive même que certains commandements ne soient pas du tout explicités (que ce soit à proximité immédiate de leur maxime porteuse ou ailleurs dans le texte) :

> *« J'ai peu confiance dans ces subterfuges consistant à entraver les chevaux et à enterrer les roues des chars. »* (Chapitre 11)

Nulle part dans le traité, Sun Tzu ne précise les raisons qui pourraient engendrer cette méfiance.

Ce défaut d'explication ne constitue toutefois pas la règle : en général, même si la motivation d'une injonction n'est pas présente immédiatement à proximité de cette dernière, une compréhension globale du traité permet de remonter le cheminement logique ayant conduit Sun Tzu à tenir ces propos. Dans le cas précédent, nous verrons ultérieurement qu'il est possible qu'un tel passage soit apocryphe.

Il est très rare que l'on en arrive à douter de l'intention réelle du stratège. Cela se produit cependant à quelques endroits (nous y reviendrons dans la partie « *Des préceptes contradictoires* », p. 70) mais, là encore, il est presque toujours possible de comprendre l'intention réelle de Sun Tzu grâce à une approche globale de son traité.

Un mode opératoire insuffisant ?

Si le « pourquoi » d'un précepte peut sembler insuffisant, il arrive surtout que le « comment » fasse également défaut. Prises *ex abrupto*, nombre de maximes peuvent alors apparaitre comme des conseils inapplicables du type « Pour gagner la guerre, il suffit d'être bon » :

> *« Celui qui sait employer ses hommes au combat leur insuffle la puissance de pierres rondes dégringolant les pentes abruptes d'une montagne haute de dix mille pieds. »*
> (Chapitre 5)

Sun Tzu reporte sur « l'art du commandement » la capacité du général à obtenir de ses troupes une telle manœuvrabilité :

> *« L'art du commandement permet d'unifier les volontés et l'intelligence du terrain, et de conjuguer la force avec la souplesse. »* (Chapitre 11)

Cette formule peut être perçue comme une esquive : Sun Tzu ne précise pas comment faire atteindre à ses troupes le niveau suprême d'entraînement qui leur permettra de « ne plus avoir de forme », comment rendre les soldats aussi maniables et efficaces que l'exigent ses manœuvres. Le marquis de Puységur, lieutenant-général des armées du roi de France, formulait d'ailleurs déjà ce reproche en 1773, un an après la toute première traduction de *L'Art de la guerre* par le père Amiot : le militaire regrettait que Sun Tzu livrât des injonctions certes sensées, mais sans en fournir les modalités d'application. Il notait par exemple, en remarque de l'affirmation que « *ceux qui gouvernent les troupes doivent maîtriser l'art de faire mouvoir à leur gré les ennemis* » (chapitre 3, traduction du père Amiot) :

> *Certes, c'est là sans doute le sublime d'un général. Mais [Sun Tzu] ne nous enseigne pas bien clairement ce moyen de faire vouloir à l'ennemi ce qu'on désirerait de lui.*[45]

La formation des combattants nous parait être la zone d'ombre la plus importante du traité. Sun Tzu ne parle en effet jamais de l'entrainement des soldats, des possibilités d'accroitre leur technique guerrière, voire de la recherche d'une supériorité technologique de leur équipement. Il ne précise pas si cet entrainement doit se faire en temps de paix ou au moment de la levée des troupes. La lecture de *L'Art de la guerre* laisse entendre qu'il suffit de lever une armée de paysans et de bien les manœuvrer pour remporter la guerre. Nous pouvons en déduire en creux qu'il accorde une telle importance aux multiplicateurs d'efficacité, comme le positionnement stratégique, qu'il ne considère pas déterminante pour l'issue d'un affrontement la combativité intrinsèque des troupes. La maitrise technique du maniement des armes, la capacité à exécuter les manœuvres complexes demandées par le général, ne semblent ainsi pas être des enjeux pour le stratège chinois. Cette idée a aujourd'hui de quoi surprendre.

Le doute sur la justesse de cette compréhension survient lorsque Sun Tzu, qui s'inscrit dans le cadre d'un univers de conscription, évoque l'existence de troupes d'élite :

> « *On n'attaque pas des corps d'élite.* » (Chapitre 7)

---

[45] Marquis de Puységur *in* Saint-Maurice de Saint-Leu, *État actuel de l'art et de la science militaire à la Chine*, 1773, p. 50. Le texte a été repris en préliminaire de la réédition du traité de Sun Tzu de 1782 (7e tome des *Mémoires concernant l'histoire, les sciences, les arts, les mœurs, les usages, etc. des Chinois par les missionnaires de Pé-kin*). Une réédition fac-similé de ce texte ancien est disponible depuis 2012 aux éditions Nabu Press.

« Si le général, incapable de jauger les forces adverses, se heurte à un ennemi alignant des troupes supérieures en nombre ou en puissance, sans qu'il puisse lui opposer un corps d'élite, il y aura déroute. » (Chapitre 10)

… mais il ne précise pas si ces troupes d'élite sont issues d'une sélection des conscrits les plus doués pour la pratique guerrière, ou si elles proviennent d'un noyau d'armée professionnelle.

Nous serons finalement contraints de comprendre, grâce à la lecture de l'ensemble du traité, que la transformation du paysan en soldat s'appuie sur quatre procédés : le charisme du général, la vertu, les récompenses et punitions, et enfin la mise des hommes dans une situation mortelle. En s'appuyant sur ces quatre piliers, Sun Tzu estime qu'il sera possible de remporter des victoires à partir d'une masse de paysans armés. Nous reviendrons sur tous ces points ultérieurement.

Ces zones d'ombre doivent certainement au traité d'avoir franchi les siècles sans se retrouver caduc. Mais elles impliquent dès lors un véritable travail d'immixtion dans la pensée de Sun Tzu pour retirer des idées concrètement exploitables.

Une succession de maximes qui sautent du coq à l'âne

L'aspect probablement le plus déconcertant de *L'Art de la guerre*, pour un lecteur occidental, est sa propension à passer d'un sujet à l'autre, sans transition et sans cohérence. Prenons un exemple :

« Si elle est privée de ses fourgons, de ses vivres ou de ses réserves, une armée est menacée d'anéantissement. Qui ignore les objectifs stratégiques des autres princes ne peut conclure d'alliance, qui ignore la nature du terrain — montueux ou boisé, accidenté ou marécageux — ne pourra faire avancer ses troupes ; qui ne sait faire usage d'éclaireurs sera dans l'incapacité de profiter des avantages topographiques. La guerre a le mensonge pour fondement et le profit pour ressort. Elle exige que l'on sache

se diviser et se regrouper pour produire toutes sortes d'effets de surprise. » (Chapitre 7)

Dans ce seul passage, sont traitées six idées complètement différentes, relevant aussi bien de la réflexion polémologique que de la stratégie ou du niveau tactique : logistique, environnement géostratégique, terrain, duperie, sociologie et manœuvre !

Il est même possible de rencontrer, dans *L'Art de la guerre*, des idées différentes au sein d'une même phrase. Ainsi, la célèbre maxime du chapitre 1 « *La guerre repose sur le mensonge* » s'ensuit d'exemples d'illustration :

> « *Capable, passez pour incapable ; prêt au combat, ne le laissez pas voir ; proche, semblez donc loin ; loin, semblez donc proche. Attirez l'adversaire par la promesse d'un avantage ; prenez-le au piège en feignant le désordre ; s'il se concentre, défendez-vous ; s'il est fort, évitez-le. Coléreux, provoquez-le ; méprisant, excitez sa morgue. Dispos, fatiguez-le ; uni, semez la discorde. Attaquez là où il ne vous attend pas ; surgissez toujours à l'improviste.* »

Si les exemples jusqu'à « *prenez-le au piège en feignant le désordre* » sont bien en accord avec le thème de la duperie, la phrase se poursuit sans aucune transition avec des injonctions n'ayant plus aucun rapport avec le sujet initial : dans le même passage (et, dans un premier temps, dans la même phrase), suivent des préceptes relatifs à la réaction tactique à avoir face aux actions adverses, un retour à l'idée de manipulation du général ennemi, pour terminer par la nécessité d'user d'initiative et de surprise.

Le champ couvert par *L'Art de la guerre* fait en outre le grand écart entre la grande stratégie (« *Jamais il n'est arrivé qu'un pays ait pu tirer profit d'une guerre prolongée* », chapitre 2) et la microtactique (« *Si les oiseaux s'envolent, il y a embuscade, si les quadrupèdes fuient, il se prépare une offensive générale* », chapitre 9). Il n'y a pas de traitement séparé voire progressif de chacun des niveaux de commandement[46] (par exemple des considérations stratégiques au début, qui s'approfondiraient en considérations de plus en plus tactiques au fil de l'ouvrage). Comme nous l'avons vu à travers le précédent exemple, les préceptes de tout niveau sont complètement imbriqués, pouvant se succéder sans aucune transition.

Cette structure décousue de *L'Art de la guerre* impose donc une attention permanente pour discerner chacune des notions évoquées.

Des chapitres qui n'en sont pas

Les idées de Sun Tzu sont assez peu ordonnées, voire souvent éparpillées sur l'ensemble du traité. Si l'on trouve bien par endroits des successions de préceptes relevant d'une idée commune qui ont une logique à être regroupés au sein d'un même paragraphe, ce n'est pas la règle générale : les grands concepts sont bien souvent fragmentés sur l'ensemble du traité, et les maximes de Sun Tzu doivent la plupart du temps être grappillées à travers les treize chapitres, sans qu'il soit possible de prédire où. Ce phénomène se révélera pleinement dans notre partie consacrée au fond (p. 109), où les citations de *L'Art de la guerre* servant à illustrer une idée apparaitront très rarement issues d'un chapitre unique.

Si certains chapitres amalgament bien des propos relevant d'une même thématique (78 % du chapitre 13 est en correspondance avec son titre : « L'espionnage »), la plupart n'y consacrent, au mieux, qu'une grosse part. C'est ainsi que dans le chapitre 12 « Attaques par le feu », le dernier tiers (40 % pour être précis) est sans aucun rapport. Pour le chapitre 8 « Les neuf retournements », il n'est même pas possible de comprendre à quoi correspondent ces « neuf

---

[46] Bien que la théorie militaire occidentale considère aujourd'hui trois niveaux – stratégique, opératif et tactique – et que d'autres ont pu être énumérés au cours de l'histoire de la polémologie (grande stratégie, stratégie de théâtre, technique, …) nous ne considèrerons pour cette étude que la distinction traditionnelle stratégie/tactique, l'introduction récente du niveau opératif n'apportant rien à notre propos.

retournements »[47]. Ni dans le chapitre, ni dans le reste du traité !... Quant au contenu même du chapitre, aucun thème directeur ne parait s'en dégager, tant les idées sautent du coq à l'âne ! Ce bric-à-brac d'idées n'a même pas pour origine une recherche maladroite d'équilibre, puisque les chapitres ne sont pas proportionnés : il y a un facteur 5 entre le 11ᵉ chapitre (1733 mots) et le 8ᵉ (375 mots).

L'ordre des chapitres semble également relativement arbitraire. Bien que le premier traite de propos majoritairement adressés au souverain et ait donc une logique à figurer en tête, tous les autres s'enchaînent sans cohérence et pourraient fort bien être agencés totalement différemment. Un auteur militaire chinois du IXᵉ siècle, Li Ts'iuan, commentateur historique de *L'Art de la guerre*, tenta pourtant bien de justifier l'ordre « logique » selon lequel aurait été composé le traité :

> *Chapitre 1 (Des plans) : Dans la guerre, les plans sont au-dessus de tout (...) C'est pourquoi le chapitre sur les plans a été placé en tête.*
>
> *Chapitre 2 (Des combats) : D'abord, il faut arrêter les plans puis préparer l'attirail du combat, c'est pourquoi le chapitre sur les opérations militaires vient en deuxième après celui sur les plans.*
>
> *Chapitre 3 (De l'offensive) : Les opérations militaires consistent à rassembler et déployer les troupes, l'encerclement d'une ville constitue une offensive, c'est pourquoi ce chapitre vient après celui qui concerne les opérations militaires.*

---

[47] *« Le général qui a pénétré à fond les avantages offerts par les neuf retournements connaît réellement l'art de la guerre ; celui qui ne les connaît pas aura beau posséder la science de la topographie, il lui sera impossible d'en tirer parti. Qui dirige une armée en ignorant l'art des neuf retournements se montrera incapable d'user de ses hommes, même s'il connaît les cinq avantages tactiques. »* (Chapitre 8)

[...] [48]

Sa « démonstration » n'est toutefois guère convaincante.

Un paradoxe est donc qu'en dépit de ces siècles de maturation, le texte qui nous sert aujourd'hui de référence donne plus l'impression d'être un premier jet qu'une œuvre achevée, polie dans les moindres détails. Cette absence de structuration correspondait toutefois bien au « style littéraire » chinois de l'époque.

Dès lors, vouloir résumer *L'Art de la guerre* de façon linéaire, chapitre après chapitre, est absurde et témoigne d'une compréhension insuffisante du traité : son chaos nécessite une analyse transverse, imposant de rassembler des maximes éparses en fonction des grands thèmes qui auront été identifiés.

Si la structure totalement décousue du traité, rendant quasi impossible sa compréhension par une simple lecture linéaire, heurte aujourd'hui le rationalisme occidental, il apparait tentant de vouloir réagencer son contenu en vue d'obtenir un ensemble plus cohérent. Plusieurs Occidentaux se sont d'ailleurs livrés à l'exercice[49].

---

[48] *In* Sun Tzu, *L'Art de la guerre*, traduction de Valérie Niquet, éditions Economica, 2012.

[49] Certains traducteurs ont ainsi montré des velléités de remettre certains passages à leur place ; Samuel Griffith précise par exemple, dans sa première note du chapitre 11 :

> *La disposition primitive de ce chapitre laisse beaucoup à désirer. Un grand nombre de versets ne se trouvent pas dans le contexte approprié. D'autres se répètent ; ce sont peut-être des commentaires qui se sont glissés dans le texte. J'ai changé de place certains versets et éliminé ceux qui me semblent avoir été ajoutés.*
>
> (*In* Sun Tzu, *L'Art de la guerre*, traduction de Samuel Griffith, éditions Champs Flammarion, p.173.)

Mais il ne s'agit là que de remaniements ponctuels. Une personne, en France, s'est livrée à l'exercice de la réorganisation complète : le lieutenant-colonel Cholet. Ce

En outre, les choix opérés par les traducteurs concernant les ponctuations de phrase et de texte conditionnent directement la perception des différentes idées. La ponctuation n'existait en effet pas à l'époque de Sun Tzu : les textes se présentaient comme des suites ininterrompues de caractères. Face à cette difficulté, les compilateurs, puis les traducteurs, ont cherché à aider le lecteur en établissant leur propre découpage en paragraphes, afin de rendre plus apparentes les idées relevant d'une même thématique. Ces coupures s'avèrent dès lors être une véritable interprétation du séquençage des idées de Sun Tzu et conduisent à des lectures réellement différentes du même texte, en en prémâchant la compréhension.

Une des difficultés du traducteur réside donc dans la recherche de paragraphes sensiblement équilibrés en taille. Or la succession d'idées de Sun Tzu ne sont pas, elles, équilibrées en longueur de traitement : alors que certains thèmes sont développés sur de nombreux paragraphes (par exemple la nécessité d'être renseigné), d'autres ne sont exposés qu'à travers une phrase laconique noyée dans le texte (par exemple le motif profond des guerres : « *La guerre a le mensonge pour fondement et le profit pour ressort* », chapitre 7). Nous pouvons dès lors nous retrouver avec des

---

dernier publia en 1922 *L'art militaire dans l'Antiquité chinoise*, qu'il introduisait en ces termes :

> *Pour remédier au désordre [des propos], il était indispensable de détacher les maximes choisies de leur contexte et de les regrouper ensuite dans un cadre qui puisse les mettre en relief.*

> (*In* E. Cholet, *L'art militaire dans l'Antiquité chinoise*, éditions Charles-Lavauzelle & Cie, 1922, p. 29.)

Le réagencement ne se limitait toutefois dans ce cas pas au seul traité de Sun Tzu, mais utilisait également les autres textes traduits par le père Amiot en 1772 dans son *Art militaire des Chinois*. Il réassemblait l'ensemble selon des rubriques traitant chacune d'un grand thème militaire. Utilisant tous les textes fournis par le jésuite, le résultat final ne peut donc être rigoureusement considéré comme une réorganisation de *L'Art de la guerre*.

paragraphes concaténant plusieurs idées sans rapport entre elles, rendant difficile leur claire identification.

Un traité obscur

Le traité de Sun Tzu se présente comme une succession de préceptes courts et, a priori, parfaitement compréhensibles. Il n'est pourtant pas aussi aisé à lire que ses quelques dizaines de pages traduites dans un français parfaitement intelligible le laisseraient croire de prime abord. Pourquoi ?

Une facilité de lecture qui n'est qu'apparente

Il serait intuitif de penser que les passages les plus difficiles à appréhender de *L'Art de la guerre* sont ceux faisant référence à l'univers de la Chine ancienne : par leurs aspects culturels (*« Qui excelle à l'offensive se meut au-dessus des neuf étages du Ciel »*[50], chapitre 4), historiques (*« Les Yin durent leur triomphe à la présence de Yi Yin à la cour des Hsia »*[51], chapitre 13), légendaires (*« L'armée de l'habile chef de guerre est semblable au grand serpent du mont Heng, le Chouai-jan »*[52], chapitre 11), entre les deux (*« Ces quatre positions avantageuses furent celles qui permirent à l'Empereur Jaune de venir à bout des Quatre Souverains »*[53], chapitre 9), ou faisant référence aux aspects militaires de la période de composition du traité (*« Si l'on doit [...] parcourir cent li pour combattre pour un avantage, les trois généraux seront capturés »*[54], chapitre 7, traduction de Valérie Niquet). Pourtant, ces références culturelles ne sont pas

---

[50] Selon la croyance chinoise, le ciel comportait neuf étages ou « neuf cieux », dont les portes étaient gardées par des tigres et des panthères. La terre comprenait neuf provinces, au-delà desquelles il y avait les « huit lointains », eux-mêmes prolongés par les « huit extrémités ». Quatre mers, enfin, entouraient le monde habité.

[51] Pour une explication de ces noms, voir la partie *Les personnages historiques de L'Art de la guerre* (p. 35).

[52] Idem.

[53] Idem.

[54] Une *li* correspondait à environ 576 mètres. Pour les « trois généraux », voir notre explication dans notre annexe relative à *La structure de l'armée dans L'Art de la guerre*.

bloquantes : l'idée générale se comprend parfaitement, même si la signification exacte de l'illustration donnée par Sun Tzu n'est pas connue. Le problème ne vient pas de là.

Certains propos sont obscurs :

> *« L'analyse stratégique comprend : les superficies, les quantités, les effectifs, la balance des forces et la supériorité. Du territoire dépendent les superficies, les superficies conditionnent les quantités, les quantités les effectifs, les effectifs la balance des forces, la balance des forces la supériorité. »* (Chapitre 4)

Aucune explication ne vient éclairer ce passage. Celui-ci a d'ailleurs été l'objet de nombreuses tentatives d'interprétations de la part des commentateurs historiques.

D'autres maximes, exposées limpidement, peuvent nécessiter de véritables efforts d'interprétation pour être comprises dans leur juste sens :

> *« Le désordre suppose l'ordre, la lâcheté le courage, la faiblesse la force. L'ordre dépend de la répartition en corps, le courage des circonstances et la force de la position. »* (Chapitre 5)

Le texte se poursuit sans apporter aucune précision sur ces deux phrases. Elles sont donc censées être autoporteuses. Plusieurs interprétations sont cependant possibles. Jean Lévi apporte ainsi le commentaire suivant :

> *La première phrase peut se comprendre de plusieurs façons : qu'on attire l'ennemi par un désordre simulé ; mais pour se donner l'apparence de la confusion, il faut instaurer la discipline la plus stricte. De même, si l'on veut feindre la couardise, et se tenir à l'affût de l'ennemi, on doit être sûr que règne la plus grande fermeté ; ce n'est qu'alors qu'on pourra simuler la crainte. Si l'on désire exciter la morgue de l'ennemi par le spectacle de sa propre faiblesse,*

il convient d'être sûr de sa force ; ce n'est qu'alors qu'on pourra user du procédé.

Mais le texte chinois permettrait tout aussi bien de comprendre qu'ordre et désordre, force et faiblesse, sont le produit d'un équilibre instable et qu'ils se transforment facilement l'un dans l'autre, ou bien que l'ordre de l'un est fonction du désordre de l'autre.

La deuxième phrase peut également être comprise de deux façons : soit que quatre facteurs (environnement, organisation de l'armée, moral et position) conditionnent le courage, la force et la discipline des soldats ; soit que cette phrase explicite la première : grâce à la répartition en corps, il est possible de faire passer l'ordre pour le désordre, le courage pour de la lâcheté, et la force pour de la faiblesse. [55]

La signification de ce passage de *L'Art de la guerre*, pourtant très simplement formulé, est ainsi loin d'être évidente.

Enfin, un cas encore plus spécieux se rencontre : celui des préceptes qui, outre être intelligibles, semblent a priori clairs, mais dont le sens véritable n'est pas celui qui ressort d'une lecture rapide :

« Si des troupes peuvent parcourir mille lieues tout en restant fraîches et disposes, c'est qu'elles ne rencontrent pas d'ennemi sur leur chemin. » (Chapitre 6)

Cette maxime pourrait passer pour un truisme. Il n'en est rien. Le véritable message de Sun Tzu est en effet : « Pour que des troupes puissent parcourir mille lieues tout en restant fraîches et disposes, il faut choisir un itinéraire où l'on soit sûr qu'elles ne rencontreront pas d'ennemi sur leur chemin ». La sensation d'accessibilité qui ressort donc d'une lecture rapide du traité peut en réalité s'avérer

---

[55] Sun Tzu, *L'Art de la guerre*, traduit et commenté par Jean Lévi, éditions Hachette, 2000, p. 169.

une fausse impression, l'emploi de mots simples n'étant pas nécessairement synonyme de démonstration claire. Face à de telles significations cachées, le lecteur de *L'Art de la guerre* doit donc être dans une posture permanente de qui-vive.

Des préceptes contradictoires

L'Art de la guerre ne présente que peu de contradictions flagrantes. Il ne s'agit pas d'un ouvrage ésotérique ampli d'antinomies, lesquelles permettraient de multiples interprétations. Toutefois, certaines assertions apparemment opposées peuvent y être trouvées. Et ce, qu'elles soient descriptives :

> Aucun calcul stratégique ne peut garantir la victoire : « *L'invincibilité dépend de soi, la vulnérabilité de l'autre. En effet, si un habile guerrier peut forger son invincibilité, la vulnérabilité de l'ennemi est indépendante de sa volonté. C'est pourquoi je dis : on peut connaître les moyens de la victoire sans nécessairement l'obtenir.* » (Chapitre 4)

> Les calculs stratégiques permettent à coup sûr de garantir la victoire : « *La victoire est certaine quand les supputations élaborées dans le temple ancestral avant l'ouverture des hostilités donnent un avantage dans la plupart des domaines.* » (Chapitre 1)

... ou prescriptives :

> Le général ne doit pas avoir peur de la mort : « *En terre d'anéantissement, je leur montre que je suis prêt à mourir. Car il est dans la nature des soldats [...] de suivre leurs chefs quand ils sont en danger.* » (Chapitre 11)

> Le général doit craindre la mort : « *On dénombre cinq traits de caractère qui représentent un danger pour un général : s'il ne craint pas la mort, il risque d'être tué [...]* » (Chapitre 8)

Plus étonnant, des contradictions peuvent apparaitre au sein d'un même précepte :

> *« L'habile homme de guerre s'appuie sur la position stratégique et non sur des qualités personnelles. C'est pourquoi il sait choisir les hommes et jouer des dispositions. »* (Chapitre 5)

Dans la première phrase, Sun Tzu semble dire que la victoire ne se remporte pas grâce aux individus, car la qualité de ces derniers n'a pas d'importance si le général sait manœuvrer. Mais dans la seconde, il en déduit (« c'est pourquoi… ») que le général doit savoir s'entourer…

Enfin, certaines contradictions se révèlent encore plus enfouies dans le texte :

> *« Un général avisé s'emploie à vivre sur l'ennemi. Car une mesure prise sur lui en épargne vingt acheminées depuis l'arrière. Un boisseau de fourrage mangé chez lui en vaut vingt venus de l'arrière. »* (Chapitre 2)

Cette citation énonce clairement qu'il faut s'approvisionner chez l'ennemi. Elle n'est pas explicitement contredite ailleurs dans le traité. En apparence toutefois, car il se trouve une autre maxime :

> *« L'expert en stratégie, cultivant le Principe et attentif aux lois, est le dispensateur de la victoire et de la défaite. »* (Chapitre 4)

Il n'y a a priori pas de lien avec la première maxime, sauf qu'un auteur militaire chinois du IXe siècle, Li Quan, commentateur historique de *L'Art de la guerre*, comprend ainsi cette injonction de « respect des lois » :

> *Selon les règles qui gouvernent la répression des troubles, il ne faut pas lancer une expédition punitive contre un pays qui n'a pas commis de faute. **L'armée ne doit pas pratiquer le pillage**, brûler les arbres, souiller les puits*

> *ou les foyers, détruire les campagnes traversées, les villes,*
> *les tombeaux et les temples des ancêtres. Il faut accepter de*
> *grimper les degrés qui mènent à la salle principale du*
> *palais et ne pas mépriser les affaires du pays vaincu. C'est*
> *ce que l'on désigne par [le principe] et les lois.* [56]

D'où viennent, alors, ces contradictions ?

Une hypothèse pourrait être que Sun Tzu présenterait volontairement plusieurs procédés afin de laisser au général le soin de choisir en conduite le plus approprié ; pas de principe unique, mais un recensement des possibilités offertes. Toutefois, une telle justification n'est nulle part étayée[57].

En réalité, *L'Art de la guerre* ne comprend que peu d'incohérences franches. La raison en est simple : la forme du traité nous oblige à un important travail d'interprétation, de recollage de morceaux, et de comblement des vides manquants. De fait, notre travail de compréhension du système suntzéen est dans une recherche permanente de cohérence lorsque confronté à deux maximes apparemment contradictoires : si l'interprétation que l'on peut faire des propos de Sun Tzu peut effectivement entrer en contradiction avec un autre de ses préceptes, la plupart de ces oppositions ne sont qu'apparentes. En effet, la logique de chaque maxime prise séparément peut bien souvent s'expliquer dans la globalité du système suntzéen. Nous allons y revenir.

---

[56] Sun Tzu, *L'Art de la guerre*, traduction de Valérie Niquet, éditions Economica, 2012, p. 71.

[57] Une autre théorie pourrait être que *L'Art de la guerre* ne serait réellement qu'un grand bazar de citations sans queue ni tête, duquel nous nous évertuerions à trouver une cohérence globale alors qu'il n'y en aurait à la base pas !... Cette opinion radicale n'est pas la nôtre. Comment, sinon, le texte aurait-il pu traverser les siècles ?

Des passages obscurs donc apocryphes ?

Le précepte probablement le plus iconoclaste de *L'Art de la guerre* réside dans la recommandation de jeter ses hommes dans une situation désespérée pour les obliger à se surpasser :

> *« On jette [ses soldats] dans une situation sans issue, de sorte que, ne pouvant trouver le salut dans la fuite, il leur faut défendre chèrement leur vie. Des soldats qui n'ont d'autre alternative que la mort se battent avec la plus sauvage énergie. N'ayant plus rien à perdre, ils n'ont plus peur ; ils ne cèdent pas d'un pouce, puisqu'ils n'ont nulle part où aller. »* (Chapitre 11)

> *« Quand il mène ses hommes au combat, c'est comme s'il leur retirait l'échelle sous les pieds après les avoir fait grimper en haut d'un mur. Il pénètre profondément à l'intérieur du territoire ennemi et appuie sur la détente. Il brûle ses vaisseaux et casse ses marmites. »* (Chapitre 11)

> *« Il est dans la nature des soldats de se défendre quand ils sont encerclés, de se battre farouchement quand ils sont acculés et de suivre leurs chefs quand ils sont en danger. »* (Chapitre 11)

La réponse à donner à l'application de ce précepte par l'adversaire figure d'ailleurs également dans *L'Art de la guerre* :

> *« On ne force pas un ennemi aux abois. »* (Chapitre 7)

Pour Sun Tzu, il est préférable de laisser (voire ménager) une porte de sortie à un adversaire acculé afin que ce dernier préfère la fuite (ou que les soldats prennent d'eux-mêmes cette initiative…). Bien sûr, cette fuite ne doit pas permettre une reconstitution des troupes adverses en bon ordre de combat quelques kilomètres plus loin. La fuite escomptée doit être une débandade qui signifiera la victoire, par exemple pour une prise de cité ou lors d'une bataille décisive ; sinon, l'issue à rechercher ne pourra être que l'annihilation ou la capitulation de l'adversaire.

Le général devrait donc être réellement prêt à sacrifier ses hommes dans l'espoir d'obtenir de leur part un gain de combativité, quitte à risquer de les perdre tous. Ce propos est d'autant plus troublant que Sun Tzu délivre par ailleurs un discours relativement paternaliste :

> *« Pour peu que leur chef les aime comme un nouveau-né et les chérisse comme un fils bien aimé, les soldats seront prêts à le suivre en enfer et à lui sacrifier leur vie. »* (Chapitre 10)

Le sujet est l'un des plus délicats de tout le traité : le contexte dans lequel il a été énoncé (la Chine des Royaumes combattants) ne serait-il pas trop différent de celui que nous connaissons actuellement pour qu'il puisse encore être considéré comme valide et recevable à notre époque où les pertes humaines dans notre camp deviennent inacceptables ?

De façon surprenante, cette injonction iconoclaste de mise en danger volontaire de ses hommes n'est présente que dans le chapitre 11. À la différence de tous les autres sujets, pour lesquels nous puisons des citations à travers l'ensemble du traité, celui-ci semble cantonné à un unique chapitre. Peut-être est-ce là la conséquence d'un ajout tardif, pourquoi pas apocryphe, dans la composition de *L'Art de la guerre* ?

Cette interrogation est renforcée par le fait qu'au sein même de ce chapitre 11, Sun Tzu semble se dédire :

> *« C'est pourquoi autant j'ai peu confiance dans ces subterfuges consistant à entraver les chevaux et à enterrer les roues des chars, autant je demeure persuadé que l'art du commandement permet d'unifier les volontés et l'intelligence du terrain, et de conjuguer la force avec la souplesse. »* (Chapitre 11)

Dès lors, que penser ?

Bien que le postulat de cette étude soit de considérer *L'Art de la guerre* dans sa globalité, force est de considérer que cette injonction, cantonnée au chapitre 11 et apparemment contredite ailleurs dans le texte, semble douteuse. Nous ne nous prononcerons toutefois pas de manière définitive sur cette question, les historiens chinois ne parvenant pas eux-mêmes à identifier les différentes strates de composition du traité. Dès lors, il nous paraitrait prétentieux d'être catégorique sur la question, et ce d'autant plus que notre matériel d'étude n'est qu'une traduction.

Dans ce cas particulier, nous avons préféré ne pas tenir compte de ce précepte dans notre analyse de la pensée suntzéenne, tant son authenticité nous parait douteuse.

Un traité volontairement opaque

Un grand nombre de traités chinois de l'époque ancienne privilégiaient une forme cryptique : ils ne visaient pas à fournir un exposé clair et raisonné d'une théorie, mais cherchaient au contraire à n'être accessibles qu'aux seuls initiés ; une certaine obscurité pouvait ainsi être volontaire. Les techniques de guerre étaient bien entendu l'un de ces sujets sensibles. En Chine, s'agissant de la transmission d'un *dao*[58], « d'une recette », qui assurait la domination, tout message trop clair était dévalorisé car devenant alors accessible à tous. Comme le disait Lao Tseu : « *Celui qui sait ne parle pas, celui qui parle ne sait pas.* »[59]

Une sentence de Sun Tzu semble d'ailleurs clairement accréditer cette théorie :

> « *C'est grâce à un dispositif déterminé que j'ai emporté une victoire que chacun a pu constater, mais le vulgaire n'y a vu que du feu. Car si n'importe qui est à même de connaître la manœuvre gagnante, nul ne peut remonter au processus qui m'a permis d'édifier la configuration victorieuse.* »* (Chapitre 6)

---

[58] Précédemment connue sous le terme de « tao », la transcription « dào » (*dao* sans l'accentuation) est celle imposée par le système pinyin.

[59] *Le Lao Tseu*, traduction de Jean Lévi, éditions Albin Michel, 2009, chapitre 56.

Cette façon de transmettre un savoir, très déroutante pour un Occidental moderne[60], était typique des traités chinois de l'époque de Sun Tzu : l'imprégnation qui permet la révélation était la forme normale d'enseignement. Elle conduit généralement à ne rien trouver de profond à une première lecture. Il n'y a qu'à faire l'expérience de lire le *Dao de jing* de Lao Tseu pour ressentir cette suspicion d'être passé à côté de quelque chose.

Le traité se rapprochant le plus de nos standards cartésiens est probablement celui du confucianiste Xun Zi (fin du IIIe siècle av. J.-C.) : premier écrit chinois à proposer un discours construit et argumenté, son traité fut justement rejeté pour cette raison, car jugé trop en décalage avec les pratiques de l'époque. Il n'apparut toutefois que plus d'un siècle après Sun Tzu. Les quelques autres penseurs à avoir usé d'argumentation logique, tels Han Fei Zi ou Mencius, sont eux aussi du IIIe siècle av. J.-C.

Reprocher à Sun Tzu d'avoir écrit un traité inachevé et chaotique relèverait donc de l'anachronisme et de l'ethnocentrisme. Encore aujourd'hui, ce qu'un Occidental percevrait comme faiblesses et imperfections pourrait être vu par un Chinois comme qualités. Ce sont d'ailleurs ces caractéristiques d'obscurité, d'ambiguïté et d'amphibologie qui ont permis à *L'Art de la guerre* de traverser les siècles et d'être aujourd'hui transposé à tous les domaines de la vie courante, car il est ainsi possible d'y projeter toutes sortes de situations contemporaines (nous reviendrons ultérieurement sur cette thématique).

---

[60] Rares sont en retour les auteurs occidentaux à avoir adopté un tel style. Le seul exemple ancien qui nous apparaisse est l'Italien Raimondo Montecuccoli (1609-1680) qui, dans ses *Mémoires*, livrait des définitions sonnant étrangement comme du Sun Tzu :

> *« La victoire se gagne par le moyen des préparatifs, de la disposition et de l'action. Chacun de ces trois membres a ses avantages et ses désavantages, qui font les qualités naturelles ou acquises du temps, du lieu, des armes ou d'autres choses qui aident à vaincre l'ennemi ou qui y font obstacle. »* (Livre premier, chapitre 1)

Le chinois classique : une langue plastique qui nécessite d'être interprétée

Nous avons vu dans la partie sur l'histoire de la composition du traité (p. 40) que la structure du chinois classique, concise à l'extrême, ne permettait guère d'exprimer clairement une idée, laissant bien souvent au lecteur le soin de la deviner. Les caractères étaient la plupart du temps polysémiques. Si cette plasticité convenait très bien à la poésie, elle ne permettait en revanche pas de transmettre explicitement des notions précises ou subtiles. D'où les difficultés d'interprétation des propos de *L'Art de la guerre* qui en ont *suivi*, et les désaccords entre commentateurs sur la signification réelle de telle ou telle maxime de Sun Tzu.

Lorsque les éditions « définitives » de *L'Art de la guerre* sont sorties (la version de Cao Cao au IIe siècle ap. J.-C., puis celle commentée de la dynastie Song au XIe siècle), le texte de Sun Tzu demeurait présenté en chinois classique, tandis que ses commentaires juxtalinéaires étaient en chinois littéraire. D'où l'impression de paraphrases sans plus-value compréhensible qui peut ressortir à la lecture de certains commentaires du propos de Sun Tzu : les exégètes livraient en chinois littéraire le sens qu'ils pensaient comprendre d'un caractère en chinois classique. À titre d'exemple, sur la maxime « *Si on me demande : "Que doit-on faire au cas où l'ennemi fond sur vous avec des troupes nombreuses et en bon ordre ?"* » (Chapitre 11) le commentaire de Cao Cao est simplement : « Il s'agit d'une question »...

En réalité, le mot « traduction » est presque impropre vis-à-vis du chinois classique. Il serait plus exact de parler d' « interprétation », tant les vides laissés par cette langue pourraient être comblés de toutes sortes de façons. Les différences de compréhension paraissent dès lors inévitables. Certaines maximes sont ainsi toujours controversées quant au sens à leur donner :

> *« L'armée d'un roi dominateur attaque-t-elle une grande principauté que celle-ci se trouve dans l'incapacité de rameuter ses hommes, fait-elle planer une menace sur un*

de ses voisins que les autres puissances n'osent nouer avec lui des alliances. » (Chapitre 11)

Les commentateurs s'opposent sur le camp avec lequel les autres puissances n'osent pas nouer d'alliance : celui de l'attaquant ou celui de l'attaqué ?

Une bonne illustration de toute la latitude existant dans la transcription de *L'Art de la guerre* peut être trouvée à travers l'étude d'une traduction plus iconoclaste de Sun Tzu, celle du Britannique Philip Dunn (traduit par Josette Nickels-Grolier en 2004). Sous le titre *L'art de la paix*, Philip Dunn s'est en effet essayé à une transcription différente du texte chinois, pacifiste, jouant sur la polysémie des caractères chinois :

> *Du fait de l'opportunité constamment offerte par les [multiples significations des pictogrammes chinois], le traducteur se voit offert une grande flexibilité dans le choix des interprétations qu'il désire privilégier, et c'est cette opportunité qui a emmené l'auteur à comprendre que L'Art de la guerre pouvait aussi être, et devrait en fait être, L'art de la paix.*

Cette interprétation amène à une traduction radicalement différente du texte. À titre d'exemple, Philip Dunn traduit ainsi les premières phrases de Sun Tzu :

> *« Le conflit et la coexistence pacifique sont deux aspects fondamentaux de la vie – ils constituent les bases véritables de la survie – qui génèrent, tous les deux, destruction et créativité. Nous devons donc les examiner de plus près. Etudiez l'art de la paix en accord avec les cinq principes fondamentaux – le Tao (l'amour), le ciel sur terre (la conscience), la vigilance, le silence, le pouvoir. Développez des méthodes faisant usage des cinq principes pour savoir faire face à tous les évènements. »*

Là où Jean Lévi a traduit :

> *« La guerre est la grande affaire des nations ; elle est le lieu où se décident la vie et la mort ; elle est la voie de la survie ou de la disparition. On ne saurait la traiter à la légère. La guerre est subordonnée à cinq facteurs ; ils doivent être pris en compte dans les calculs afin de déterminer avec exactitude la balance des forces. Le premier est la vertu, le deuxième le climat, le troisième la topographie, le quatrième le commandement, le cinquième l'organisation. [...] Un général en chef doit tenir compte de tous ces facteurs dans leur ensemble. Il sera victorieux s'il les maîtrise. Il sera battu s'il ne les maîtrise pas. »*

Nombre de traités se servaient d'ailleurs à dessein de la plasticité sémique du chinois classique pour fournir un discours qui jouait sur plusieurs plans du réel : philosophique, cosmologique, politique, physiologique et stratégique. Jean Lévi note ainsi[61] :

> *Le discours sur la guerre chinois ne parle pas de la guerre, dans sa dimension technique, ou du moins ne l'aborde que de façon accessoire. Ce sont des traités cosmologico-philosophiques, des livres de sagesse qui, prenant prétexte de la guerre, touchent à bien autre chose : au rapport entre macrocosme et microcosme, au perfectionnement de soi, à l'art de gouverner, et en dernier ressort seulement aux opérations militaires – et ce, à travers le procédé de l'étagement des plans, de la stratification des niveaux de signification. Si les militaires occidentaux limitent leur objet à cette chose triviale pour les théoriciens chinois qu'est le théâtre des opérations, un livre comme le Sunzi s'intéresse à tout ce qui, pour leurs collègues de l'autre extrémité du continent, ne ressortit pas à la guerre. Les*

---

[61] Jean Lévi, *Réflexions chinoises*, « Problèmes d'indétermination sémantique dans la traduction de textes philosophiques chinois », éditions Albin Michel, 2011, pp. 150 et 162.

traités occidentaux commencent là où s'arrêtent les œuvres stratégiques chinoises : l'affrontement.

Le sinologue en conclut :

> *Aussi la traduction en français, et sans doute en toute langue occidentale, pour prendre en compte le sens véritable du traité devrait-elle rendre non seulement la superposition des niveaux interprétatifs, mais encore la signification créée par leur tension à l'intérieur d'un même texte. Ce qui est presque irréalisable.*
>
> *Néanmoins l'expérience est moins désespérée qu'il n'y paraît si l'on pose qu'une traduction ne vise pas à se substituer à l'original, mais à faire sentir, d'une certaine façon, le rapport de l'œuvre à la langue et à la pensée, ce qui [...] est l'opposé de la littéralité.*

Face à cette extraordinaire difficulté, « presque irréalisable » selon Jean Lévi, il convient de souligner l'importance du commentateur, qui choisissait l'interprétation du texte qui lui paraissait préférable – par exemple celle qui répondait le mieux à ses orientations idéologiques.

Autre difficulté rencontrée par le traducteur, certains caractères n'ont pas d'équivalents directs en français :

> « *L'expert en stratégie, cultivant le Principe et attentif aux lois, est le dispensateur de la victoire et de la défaite.* »
> (Chapitre 4)

Pour le traducteur Jean Lévi, les caractères 道 (« dao ») et 法 (« fa ») qu'il traduit respectivement par « Principe » et « lois », peuvent être interprétés de plusieurs façons : soit on considère qu'ils se rapportent à la science militaire, évoquée juste avant (« dao » désignant alors le facteur moral et « fa » l'organisation, à l'instar du chapitre 1), soit ils ont un sens plus général et désignent le *dao* du prince, c'est-à-dire les techniques de gouvernement et la Loi, comme système des institutions qui font régner l'ordre et l'harmonie au sein du peuple. Mais en définitive, sans explications, le lecteur contemporain ne peut tirer aucune conclusion de l'emploi de ces notions de « Principe » et de « lois ».

Une incertitude sur l'interlocuteur

Chacun des treize chapitres commence par la phrase « *Maître Sun a dit :* », il s'agit du seul endroit du traité où Sun Tzu se nomme directement, parlant de lui à la troisième personne. À d'autres endroits, le « je » est employé pour annoncer un précepte, comme dans ces deux exemples :

> *« C'est pourquoi je dis : on peut connaître les moyens de la victoire sans nécessairement l'obtenir. »* (Chapitre 4)

> *« Si on me demande : "Que doit-on faire au cas où l'ennemi fond sur vous avec des troupes nombreuses et en bon ordre ?", je répondrai : "Il suffit d'attaquer ce à quoi il tient, pour qu'il vous mange dans la main." »* (Chapitre 11)

Un *nous* de modestie est même employé une fois :

> *« De notre point de vue, les effectifs des armées du Yue, toutes nombreuses qu'elles sont, ne sauraient peser d'aucune manière sur la décision. »* (Chapitre 6)

À un endroit (unique), Sun Tzu parle de lui pour évoquer ses propres exploits guerriers :

> *« C'est grâce à un dispositif déterminé que j'ai emporté une victoire que chacun a pu constater, mais le vulgaire n'y a vu que du feu. Car si n'importe qui est à même de connaître la manœuvre gagnante, nul ne peut remonter au processus qui m'a permis d'édifier la configuration victorieuse. »* (Chapitre 6)

Parfois, des entités sont nommées pour énoncer des préceptes :

> « _La règle de l'art militaire_ veut qu'on encercle l'adversaire quand on dispose d'une supériorité de dix contre un. » (Chapitre 3)

> « _Les ordonnances militaires_ disent : "On a suppléé à la voix par le tambour et les cloches". » (Chapitre 7)

> « _L'art de la guerre_ déconseille formellement de planter ses quartiers face à un lieu élevé. » (Chapitre 7)

> « _Les grands capitaines des temps jadis_ savaient si bien désorganiser l'ennemi que l'avant-garde et l'arrière-garde ne pouvaient se porter secours, le gros de ses troupes et ses détachements s'épauler, soldats et officiers s'entraider, inférieurs et supérieurs communiquer. » (Chapitre 11)

Le reste du temps, nous trouvons dans le traité une palette de procédés pour énoncer les préceptes. Il peut ainsi s'agir de l'usage d'un impératif :

> « _Capable, passez pour incapable ; prêt au combat, ne le laissez pas voir._ » (Chapitre 1)

...ou d'un infinitif :

> « _Être victorieux dans tous les combats n'est pas le fin du fin ; soumettre l'ennemi sans croiser le fer, voilà le fin du fin._ » (Chapitre 3)

... ou d'un indicatif :

> « _Un général avisé s'emploie à vivre sur l'ennemi._ » (Chapitre 2)

De même, de nombreuses injonctions se font par l'utilisation de la troisième personne du singulier indéterminée :

« En règle générale, <u>il est préférable</u> de préserver un pays à le détruire, un corps d'armée à le détruire, un bataillon à le détruire, une escouade à la détruire, une brigade à la détruire. » (Chapitre 3)

« Quand <u>on</u> pille une région, <u>on</u> répartit le butin entre ses hommes. » (Chapitre 7)

Nous trouvons même l'évocation d'entités non nommées :

« C'est pourquoi <u>il</u> est dit : "Qui connaît l'autre et se connaît, en cent combats ne sera point défait ; qui ne connaît l'autre mais se connaît, sera vainqueur une fois sur deux ; qui ne connaît pas plus l'autre qu'il ne se connaît sera toujours défait." » (Chapitre 3)

« Autrefois, <u>on</u> considérait comme habiles ceux qui savaient vaincre sans péril. » (Chapitre 4)

Pourquoi toutes ces façons d'exposer des préceptes ? La raison en est que le traducteur est confronté au problème de devoir rendre de la façon la plus française possible une langue très elliptique. En chinois, très souvent le sujet n'est pas exprimé ; de même, il n'y a pas de distinction entre le singulier et le pluriel : c'est le contexte seul qui permet de déterminer le sens. Dès lors, face à la frugalité de phrases composées de seulement deux ou trois caractères de chinois ancien, le traducteur est bien obligé de rajouter un enrobage conséquent pour donner un sens compréhensible en langue moderne. Or la langue française a horreur des répétitions ; le traducteur doit donc jouer d'ingéniosité pour trouver sans cesse de nouvelles formulations de tournures qui, sans cela, apparaitraient comme inélégantes aux yeux du lecteur. Il ne faut donc rien conclure d'une maxime qui commence par « Sun Tzu dit », « Je dis », « Il est dit » ou n'importe quelle autre formulation.

Passer de la forme au fond

Les grands principes exposés dans *L'Art de la guerre* ne sont pas les bons

Nous l'avons évoqué en introduction de cet ouvrage, Sun Tzu énonce clairement ce que nous prendrions pour de grands principes de la guerre :

> « *La guerre est subordonnée à cinq facteurs [...] Le premier est la vertu, le second le climat, le troisième la topographie, le quatrième le commandement, le cinquième l'organisation.* » (Chapitre 1)

> « *Qui a les meilleures institutions ? Qui a le meilleur général ? Qui a les conditions climatiques et géographiques les plus favorables ? Qui a la meilleure discipline ? Qui a l'armée la plus puissante et les soldats les mieux aguerris ? Qui possède le système de récompenses et de châtiments le plus efficace ? La réponse à ces questions permet de déterminer à coup sûr le camp qui détient la victoire.* » (Chapitre 1)

> « *Le mieux, à la guerre, consiste à attaquer les plans de l'ennemi ; ensuite ses alliances ; ensuite ses troupes ; en dernier ses villes.* » (Chapitre 3)

> « *Il existe cinq cas où l'on peut prévoir la victoire :*
> *Qui sait quand il faut combattre et quand il faut s'en abstenir sera victorieux.*
> *Qui sait commander aussi bien à un petit nombre qu'à un grand nombre d'hommes sera victorieux.*
> *Celui qui sait harmoniser la volonté des inférieurs et des supérieurs aura la victoire.*
> *Celui qui affronte un ennemi qui n'est pas préparé remportera la victoire.*

> *Celui dont les officiers sont compétents et n'a pas à pâtir de l'ingérence du souverain remportera la victoire. »* (Chapitre 3)

> *« À la guerre, le nombre n'est pas un facteur décisif ; il convient avant tout de ne pas rechercher les hauts faits d'armes. Pour le reste, il suffit de savoir concentrer ses forces, évaluer l'adversaire et se gagner le cœur des hommes. »* (Chapitre 9)

Outre que ces énumérations sont très critiquables aujourd'hui, la première remarque que l'on pourrait leur faire est qu'elles ne constituent pas réellement des synthèses de *L'Art de la guerre*. Bien que présentées sous l'apparence de principes supérieurs récapitulatifs, elles ne sont en réalité que des maximes du traité, à l'instar de toutes les autres. Les véritables grands principes du système suntzéen ne sont pas présentés aussi distinctement : ils ne peuvent se déduire que d'une compréhension globale du traité.

Un écueil récurrent des études superficielles de *L'Art de la guerre* est l'importance accordée aux cinq facteurs évoqués dans le premier chapitre. La raison en est probablement que le lecteur pressé s'attend à trouver dans ce chapitre de tête la substantifique moelle du traité. Or, nous l'avons vu, ce dernier n'a pas été rédigé selon nos standards modernes, et une idée majeure peut très bien se dissimuler au détour d'un propos sans rapport. C'est ici le cas : les cinq facteurs cités sont très loin de constituer le cœur de la pensée de Sun Tzu.

Vu d'une façon anachronique, nous pourrions dire que *L'Art de la guerre* n'est qu'une adaptation très mal écrite du système suntzéen !...

Des enseignements caducs si pris de façon littérale

L'Art de la guerre se révèle relativement ancré dans la réalité physique de son temps. Moins qu'un traité comme *L'Art de la guerre* de Sun Bin, mais plus qu'un texte davantage abstrait comme le *Dao de jing*.

Ainsi, nombre de préceptes pris littéralement paraissent périmés :

... soit parce qu'ils étaient trop directement liés à l'armement et aux techniques de combat :

> *« En présence de monticule ou de remblais on s'établira sur le versant ensoleillé, en y appuyant son flanc droit.*[62] *»* (Chapitre 9)

... soit parce qu'ils exprimaient l'économie de l'époque :

> *« En règle générale, toute opération militaire requiert mille quadriges rapides, mille fourgons à caisse de cuir, cent mille soldats cuirassés, et des vivres en suffisance pour nourrir une armée évoluant à mille lieues de sa base. À ceci s'ajoutent les dépenses pour supporter les efforts de l'arrière et du front, les frais occasionnés par le ballet diplomatique entre royaumes ; les besoins en glu, en laque et en fournitures nécessaires à la réparation ou au remplacement des chars et des armures ; ce qui représente un total de mille lingots par jour. Ce n'est que lorsqu'on dispose de tels fonds qu'on peut envisager de lever une armée de cent mille hommes. »* (Chapitre 2)

... soit parce que les références « scientifiques » n'ont pas survécu aux années :

> *« Pour ce qui est des jours [propices à allumer des incendies chez l'ennemi], on choisira ceux où la lune se trouve dans les constellations du Van, du Mur, des Ailes ou de la Caisse du Chariot. Ces quatre constellations commandent les jours de grand vent. »* (Chapitre 12)

---

[62] Cette différenciation des flancs gauche et droit résultait certainement du fait que la plupart des soldats étant droitiers, le bouclier se tenait dès lors à gauche : il fallait donc essayer de se trouver en position d'avoir l'ennemi de ce côté.

... soit enfin parce que les principes retenus heurtent aujourd'hui la moralité :

> « *Si [...] on se refuse à appliquer [des] châtiments sous prétexte qu'ils vous sont attachés, [les soldats] ne pourront servir au combat.* » (Chapitre 9)

Surtout, des idées entières qui ne seraient lues qu'au pied de la lettre ne présenteraient plus aucun intérêt aujourd'hui. Prenons le cas le plus emblématique du traité : l'étude du terrain. Ce thème, objet principal des chapitres 9 à 11, est celui dont le traitement est le plus développé dans *L'Art de la guerre*. L'analyse qu'en donne Sun Tzu semble cependant avoir très mal vieilli :

> « *Qui ignore la nature du terrain – montueux ou boisé, accidenté ou marécageux – ne pourra faire avancer ses troupes.* » (Chapitre 7, propos répété quasi in extenso au chapitre 11)

> « *Montagnes [...] milieu fluvial [...] zone marécageuse [et] terrain plat. Ces quatre positions avantageuses furent celles qui permirent à l'Empereur Jaune de venir à bout des Quatre Souverains.* » (Chapitre 9)

> « *Un terrain peut être accessible, scabreux, neutralisant, resserré, accidenté ou lointain.* » (Chapitre 10)

> « *À la guerre, un terrain peut être de dispersion, de négligence, de confrontation, de rencontre, de communication, de diligence, de sape, d'encerclement ou d'anéantissement.* » (Chapitre 11)

Si les deux premières citations établissent une classification sous le prisme de la topographie, les deux dernières sont plus fourre-tout : pour le chapitre 10, la catégorisation résulte soit de la nature du terrain (pour les « accessibles » et « scabreux »), soit de l'avantage obtenu en cas de confrontation (pour les « neutralisants » et « lointains ») :

« *On appelle accessible un théâtre sur lequel les deux belligérants disposent d'une totale liberté de mouvements [...] On appelle scabreux un lieu où il est aisé de s'engager et difficile de se dégager [...] On appelle neutralisant un lieu où aucune des deux parties n'a intérêt à prendre l'initiative [...] Une terre lointaine est celle où, à forces égales, il est hasardeux de provoquer l'ennemi.* » (Chapitre 10)

La catégorisation du chapitre 11[63] est encore plus hétérogène :

« *Quand on livre combat sur son propre fief, on se trouve en terre de dispersion.*
Quand l'armée s'est à peine aventurée en territoire ennemi, elle se trouve en terre de négligence.
Une terre de confrontation est celle dont la possession est profitable à chacune des deux parties.
Une terre de rencontre offre aux belligérants une totale liberté de mouvements.
Une terre de communication est une portion d'une principauté qui, en jouxtant trois autres, assure au premier arrivé le soutien des armées des seigneurs.

---

[63] À noter que ces descriptions de terrain sont partiellement reformulées (limite reparaphrasées) plus loin dans le chapitre :

« *Si la région présente des voies d'accès ouvrant de tous côtés, c'est une terre de communication. Au cœur du pays ennemi, on est en terrain de diligence ; à proximité de la frontière, on est en terrain de négligence ; qui a devant soi un défilé étroit et derrière des positions solides se trouve en terre d'encerclement ; qui se trouve acculé en un lieu sans issue se bat en terre d'anéantissement.* » (Chapitre 11)

« Partiellement reformulées », car les quatre premières classifications (de dispersion, de négligence, de confrontation et de rencontre) ne figurent pas dans la maxime précédente, l'énonciation commençant à la cinquième (celle de communication) pour se poursuivre dans l'ordre jusqu'à la dernière : l'impression d'écriture par strate, voire d'une immixtion dans le texte d'un commentaire (au demeurant inutile) est ici assez flagrante.

Qui, s'étant profondément enfoncé en territoire ennemi, a derrière soi une multitude de villes fortes adverses, se trouve en terre de diligence.

Une armée qui progresse à travers montagnes, forêts, passes, marais ou toute autre région accidentée, et dont la route est mal aisée, évolue en terre de sape.

Une terre d'encerclement se reconnaît à ce qu'on ne peut y accéder que par un passage étroit et en sortir par un chemin sinueux, de sorte que l'ennemi peut attaquer avec des effectifs bien inférieurs.

En terre d'anéantissement, une armée doit se battre avec l'énergie du désespoir ou périr. » (Chapitre 11)

Nous trouvons ici aussi bien de la localisation (« *Sur son propre fief, on se trouve en terre de dispersion* ») ou de la topographie (« *Une armée qui progresse à travers montagnes, forêts, passes, marais ou toute autre région accidentée, et dont la route est mal aisée, évolue en terre de sape* »), que de l'effet obtenu (« *En terre d'anéantissement, une armée doit se battre avec l'énergie du désespoir ou périr* »). Les classifications ne sont en rien exhaustives, et encore moins exclusives. Il serait par exemple tout à fait possible d'envisager une grande zone de pâturage en limite de notre territoire, qui serait ainsi : terre de dispersion, terre de confrontation, terre de rencontre et terre de communication. Dès lors, l'application de l'ensemble des préceptes de Sun Tzu afférents donnerait une certaine impression de cacophonie :

« Evitez de combattre en terrain de dispersion ; [...] n'attaquez pas en terre de confrontation ; ne vous laissez pas isoler en terre de rencontre ; faites votre jonction en terrain de communication [...] En terre de dispersion, je soude leurs volontés ; [...] en terrain de confrontation, je presse leurs arrières ; en terrain de rencontre, je surveille leur défense ; en terrain de communication, je consolide les alliances [...] » (Chapitre 11)

Ainsi, nombre d'enseignements de *L'Art de la guerre* seraient caducs s'ils n'étaient pris que de façon littérale.

L'indispensable adaptation des préceptes

Si l'on ne considérait les propos de Sun Tzu qu'au premier degré, peu résisteraient à l'épreuve du temps. L'intemporalité du traité provient de la lecture faite non de la stricte lettre, mais de l'esprit des commandements livrés. Cela exige du lecteur qu'il comprenne le cheminement qu'a suivi Sun Tzu pour répondre à une problématique donnée, sans forcément s'attacher à la concrétisation de cette réponse, bien souvent conjoncturelle de son époque.

Prenons les sujets relatifs au renseignement :

« Qui ne sait faire usage d'éclaireurs sera dans l'incapacité de profiter des avantages topographiques. » (Chapitre 7)

L'idée générale exprimée permet sans difficulté de moderniser l'application conjoncturelle donnée en lisant, par exemple, la surveillance du champ de bataille par des drones. De même, lorsque Sun Tzu parle de l'espionnage, il évoque l'unique procédé qui existait à son époque : les espions humains. Il serait inutilement restrictif de refuser d'étendre cette lecture à tous les autres domaines contemporains comme le renseignement d'origine électromagnétique, l'imagerie satellite ou la recherche sur le *deep web*.

Autre exemple, lorsque *L'Art de la guerre* enjoint d'éliminer physiquement les espions adverses qui seraient démasqués, afin de maintenir le secret sur les intentions du général :

« Si une opération secrète s'ébruite avant qu'elle n'ait été menée à bien, il convient d'éliminer l'espion ainsi que la source de la fuite. » (Chapitre 13)

Si l'élimination physique n'est plus guère applicable à la lettre par les armées occidentales contemporaines, son esprit relève de l'évidence : lorsqu'une fuite est détectée, il convient de prendre au plus vite des mesures pour y remédier. Ainsi, en cas de fuite d'origine humaine, un « simple » emprisonnement paraitrait aujourd'hui plus adapté aux mœurs actuelles. Même le renseignement usant de méthodes modernes (interceptions, hacking, …) est facilement transposable : en cas d'intrusion informatique par exemple, il conviendra d'y répondre par un renforcement de la sécurité des systèmes d'information.

De la même façon, bien que les sections sur l'étude du terrain aient, on l'a vu, très mal résisté au temps, il demeure possible d'en extraire quelques idées exploitables. Notre partie sur le façonnage du champ de bataille (p. 136) recourra d'ailleurs abondamment à ces citations.

Enfin, la forme elle-même peut être interrogée. Par exemple, dans le passage ci-dessous :

> *« Il suffit [...] de se demander : Qui a les meilleures institutions ? Qui a le meilleur général ? Qui a les conditions climatiques et géographiques les plus favorables ? Qui a la meilleure discipline ? Qui a l'armée la plus puissante et les soldats les mieux aguerris ? Qui possède le système de récompenses et de châtiments le plus efficace ? La réponse à ces questions permet de déterminer à coup sûr le camp qui détient la victoire. »* (Chapitre 1)

Si le choix de ces facteurs peut aujourd'hui paraitre daté, ils présentent l'intérêt d'être la première tentative pour identifier avec exactitude les critères qui permettraient d'évaluer le rapport de forces en présence. Aujourd'hui encore, la quasi-totalité des méthodes de planification s'essayent à l'exercice.

Avec ce prisme de lecture, l'intégralité des préceptes de *L'Art de la guerre* fait dès lors sens et retrouve une indéniable fraîcheur.

Le besoin de vision globale

Comment, dès lors, transcender les maximes pour parvenir à transposer la pensée de Sun Tzu au monde contemporain ? En premier lieu, il est nécessaire de les comprendre dans leur contexte. Prenons l'exemple de l'injonction de tenir ses troupes dans l'ignorance :

« Un général se doit d'être impavide pour garder ses secrets [...]. Il lui incombe d'obstruer les yeux et les oreilles de ses hommes pour les tenir dans l'ignorance. » (Chapitre 11)

Cette maxime, particulièrement troublante, peut, en y réfléchissant, revêtir un triple objectif :

- Se prémunir d'une fuite qui viendrait de ses troupes : il s'agit par-là d'être invisible aux yeux de l'ennemi, les espions adverses ne pouvant ainsi rien espérer obtenir d'une infiltration dans le dispositif ami. Plus un secret est partagé, et moins il a de chance de rester secret longtemps.

- Asseoir son commandement : celui qui sait a le pouvoir. Cette dissimulation pouvait être caractéristique d'un style de commandement.

- Ne pas alourdir inutilement le processus de transmission des ordres : pour Sun Tzu, informer la base ne servait tout simplement à rien car le soldat n'avait que faire de connaitre la manœuvre d'ensemble – si tant est qu'il puisse la comprendre – alors que la seule chose qu'il avait à faire était d'obéir correctement à la dizaine d'ordres que pouvait lui donner son capitaine (« En avant », « Resserrez la formation », « Retraite », etc.). Expliquer la manœuvre d'ensemble aurait alors été considéré comme une perte de temps et aurait en outre risqué de semer le trouble dans l'esprit estimé frustre des soldats.

Cette vision est, pour les armées occidentales modernes, passablement révolue. En effet, la culture actuelle du commandement entend au contraire que l'information soit diffusée jusqu'aux plus bas échelons afin que tout soldat acquière la conviction de l'importance de sa mission au sein de la manœuvre globale et soit capable de prise d'initiative judicieuse si le besoin ou l'opportunité se présente. L'exhortation de Sun Tzu se justifiait notamment parce qu'à son époque, il n'était pas question que les troupes puissent faire preuve d'initiative. Seule la masse dirigée était à même de produire un résultat :

> *« [Un grand capitaine] occupe [la multitude de ses armées] à des tâches et ne s'embarrasse pas de lui en expliquer le pourquoi, il l'excite par la perspective de profits en se gardant bien de la prévenir des risques. »* (Chapitre 11)

De nos jours, chaque échelon de commandement doit fournir le juste besoin en informations à ses subordonnés : trop peu, il risquera de manquer de justesse lors de ses prises d'initiative ; en surnombre, la surinformation sera bien souvent préjudiciable à la capacité d'assimilation et de discrimination de ce qui est important et ce qui ne l'est pas. En outre, si chacun possédait l'intégralité des informations, il y aurait risque de compromission en cas de capture par l'ennemi. Pour trouver ce juste milieu, les cadres d'ordres, formatés, élaborés par l'expérience, constituent une réponse moderne pour guider le chef.

L'exercice de compréhension de la pensée initiale de Sun Tzu n'est néanmoins pas toujours évident. Ainsi, il n'est pas immédiat de comprendre si le stratège chinois considère ou non que le soldat a de l'importance. En effet, d'un côté il annonce qu'il faut aimer ses hommes :

> *« Pour peu que leur chef les aime comme un nouveau-né et les chérisse comme un fils bien aimé, les soldats seront prêts à le suivre en enfer et à lui sacrifier leur vie. »* (Chapitre 10)

... et de l'autre il ne semble pas leur accorder plus de considération qu'à du bétail :

> *« Il incombe [au général] d'obstruer les yeux et les oreilles de ses hommes pour les tenir dans l'ignorance. »* (Chapitre 11)

Qu'en est-il donc réellement ?

Nous verrons que, pour Sun Tzu, la « position stratégique » est prépondérante sur les qualités guerrières de la troupe :

> *« L'habile homme de guerre s'appuie sur la position stratégique et non sur des qualités personnelles. C'est pourquoi il sait choisir les hommes et jouer des dispositions. [...] Celui qui sait employer ses hommes au combat leur insuffle la puissance de pierres rondes dévalant les pentes abruptes d'une montagne haute de dix mille pieds. Telle est l'efficacité de la configuration stratégique. »* (Chapitre 5)

Or cette position stratégique ne signifie pas uniquement « tenir les hauteurs ». Elle peut également passer par la mise en danger de ses propres troupes :

> *« On jette [ses soldats] dans une situation sans issue, de sorte que, ne pouvant trouver le salut dans la fuite, il leur faut défendre chèrement leur vie. Des soldats qui n'ont d'autre alternative que la mort se battent avec la plus sauvage énergie. N'ayant plus rien à perdre, ils n'ont plus peur ; ils ne cèdent pas d'un pouce, puisqu'ils n'ont nulle part où aller. Aventurés en territoire hostile, ils serrent les rangs ; n'ayant d'autre alternative, ils se ruent au combat. »* (Chapitre 11)

Dès lors, la considération que le général doit aimer ses hommes est-elle sincère, ou pourrait-elle n'être que simulation et fausse compassion, une façade cynique et utilitaire ?

Il est délicat de se prononcer sur ce point. Le fait que Sun Tzu pointe la compassion comme potentiellement dangereuse tendrait à nous faire pencher du côté du cynisme :

> *« On dénombre cinq traits de caractère qui représentent un danger pour un général : [...] compatissant, il sera aisé de le tourmenter. Ces cinq traits de caractère sont de graves défauts chez un capitaine et peuvent se révéler catastrophiques à la guerre. »* (Chapitre 8)

On pourrait toutefois envisager que le stratège chinois demande d'aimer sincèrement ses hommes, mais qu'il n'ait aucune retenue à risquer de les sacrifier dans l'espoir d'en retirer un avantage. Une telle façon de penser relèverait aujourd'hui presque de de schizophrénie...

Autre hypothèse : que la considération à apporter aux soldats concerne surtout la période préparatoire au combat, lorsque les troupes sont au quartier ou dans les phases d'attente de la bataille. Une fois engagée dans la manœuvre (qui inclut le positionnement préparatoire), il n'est plus question d'écoute attentive de la troupe ; tout le monde doit être derrière le général, plus une tête ne doit dépasser... C'est ce que semble confirmer cette maxime, qui recommande au général d'être psychologue :

> « *Il se doit d'étudier avec la plus grande attention tant la stratégie commandée par le terrain ou l'opportunité des avances et des replis que les lois qui président aux sentiments humains.* » (Chapitre 11)

En résumé, notre lecture de *L'Art de la guerre* conduit à considérer qu'il faut être attentif au moral de la troupe en dehors des phases de combat et que, durant la bataille, il ne faut pas craindre d'envoyer des hommes à une mort certaine si cela permet d'obtenir un avantage.

De telles réflexions, délicates, se révèleront parfois indispensables pour aborder les apparentes contradictions du traité.

Compris et décliné, le système suntzéen est complet et moderne

Sun Tzu coucha pour la première fois par écrit nombre de concepts militaires : subordination du militaire au politique, renseignement, nécessité de créer l'incertitude chez l'adversaire, ... D'autres notions sont toutefois apparues depuis : état final recherché, centre de gravité, brouillard de la guerre, friction, etc. Ce constat n'a rien de surprenant : dans le cas contraire, cela signifierait que l'humanité n'aurait pas été capable de perfectionner sa réflexion, fut-elle sur la guerre, en 2500 ans d'histoire. Pour autant, trouve-t-on de grandes idées qui feraient défaut dans la pensée de Sun Tzu ? Y a-t-il des problématiques de la guerre, qu'elles soient tactiques ou plus polémologiques qui n'auraient pas été couvertes par le stratège chinois ?

Si l'on étudie les concepts militaires contemporains, les retrouve-t-on tous chez Sun Tzu et, si oui, sous quelle forme ? Sont-ils nommés explicitement ? Sont-ils globalement évoqués sans pour autant être explicités en un endroit précis ? Doivent-ils être déduits de la philosophie globale du traité ? Ou bien sont-ils réellement absents ? Et, dans ce dernier cas, pourquoi ? Parce qu'ils n'avaient encore pas été imaginés ou parce que la déclinaison du système suntzéen conduit à une opposition à ce concept ?

Chacun de ces cas de figure existe :

1. <u>**Le nommage explicite :**</u> l'espionnage

« Le rôle [des espions] est essentiel et [...] sur eux reposent les mouvements d'une armée. » (Chapitre 13)

La citation est claire, il n'y a rien à rajouter ni interpréter.

2. <u>**L'identification évidente d'un concept dont le nommage précis n'apparaitra qu'ultérieurement :**</u> l'initiative

À plusieurs endroits du traité, Sun Tzu évoque manifestement l'idée d'initiative, sans que le mot lui-même soit explicitement utilisé[64] :

---

[64] Certaines autres traductions françaises ont toutefois recours à ce mot d'« initiative » pour rendre les idées évoquées dans les maximes citées. Mais, dans la traduction de Jean Lévi, le terme n'est explicitement employé que deux fois :

> *« On a suppléé à la voix par le tambour et les cloches ; à l'œil par les étendards et les guidons. Signaux sonores et visuels étant perçus par tous, ils permettent de souder les mouvements des troupes en un seul corps, si bien que les braves ne se ruent pas seuls à l'assaut sans en avoir reçu l'ordre et les pleutres ne battent pas en retraite de leur propre initiative. »* (Chapitre 7)

« *[Il faut] profiter de la moindre opportunité pour emporter l'avantage.* » (Chapitre 1)

« *Attaquez là où [l'ennemi] ne vous attend pas ; surgissez toujours à l'improviste.* » (Chapitre 1)

« *L'ennemi est-il dispos, je le fatigue ; est-il repu, je l'affame ; est-il à l'arrêt, je le contrains au mouvement. Je surgis là où il ne peut m'atteindre, je le frappe à l'improviste.* » (Chapitre 6)

« *Qui excelle à la guerre dirige les mouvements de l'autre et ne se laisse pas dicter les siens.* » (Chapitre 6)

« *À la guerre, tout est affaire de rapidité. On profite de ce que l'autre n'est pas prêt, on surgit à l'improviste, on attaque ce qui n'est pas défendu.* » (Chapitre 11)

« *Combinez vos plans en fonction des mouvements de l'ennemi et décidez alors du lieu et du moment de la bataille décisive.* » (Chapitre 11)

L'idée est indubitablement là, mais pas (encore) concentrée en un mot unique.

3. <u>**L'identification en germe d'un concept dont le nommage précis apparaitra ultérieurement : la sidération**</u>

Il est plus facile de lire « effet de surprise » que « sidération » chez Sun Tzu (et ce, bien que le mot « surprise » ne soit jamais explicitement employé dans le traité) :

« *[Une armée] frappe avec la soudaineté de la foudre.* » (Chapitre 7)

« *On appelle neutralisant un lieu où aucune des deux parties n'a intérêt à prendre l'initiative.* » (Chapitre 10)

... soudaineté de l'action qui doit conduire à une paralysie de l'adversaire :

> « *Vous vous présentez d'abord comme une vierge timide ; l'ennemi ouvre sa porte, alors, rapide comme le lièvre, vous ne lui laissez pas le temps de la refermer.* » (Chapitre 11)

> « *Celui qui affronte un ennemi qui n'est pas préparé remportera la victoire.* » (Chapitre 3)

Dès lors, c'est bien l'idée de sidération qui est évoquée par Sun Tzu, sans toutefois être nommée précisément ni figurer en un endroit unique du traité : le lecteur moderne doit reconstruire cette idée et la nommer lui-même.

4. <u>**L'idée supérieure :**</u> la logistique

Si certains préceptes de Sun Tzu sont aujourd'hui caducs car trop conjoncturels de leur époque, le besoin qu'ils sous-tendaient demeure. Il en est par exemple ainsi de la logistique. Si le mot lui-même est bien employé une fois dans la traduction de Jean Lévi :

> « *La guerre est subordonnée à cinq facteurs [...] Le cinquième [est] l'organisation. [...] Par organisation, il faut entendre la discipline, la hiérarchie et la logistique.* » (Chapitre 1)

... la notion n'est pas ensuite clairement reprise et explicitée. Toutefois, comme nous le verrons dans la partie dédiée (« *Être attentif à la logistique* », p. 165), le souci de planifier l'intendance est une véritable préoccupation de Sun Tzu.

Dans ce cas, c'est bien le questionnement sur la manière d'assurer la logistique qui est à conserver, et non la réponse conjecturelle qu'a pu en donner Sun Tzu (ici, le pillage).

5. **<u>Le concept réellement absent du traité mais sur lequel la position de Sun Tzu peut se déduire de la compréhension de son système :</u>** le centre de gravité et la friction

La notion de centre de gravité[65] peut être mise en perspective avec la notion de « vide et de plein » (explicitée dans la troisième partie du présent ouvrage, p. 143). Si ces deux notions conduisent à des applications différentes (concentrer ses efforts sur les faiblesses critiques de l'adversaire dans un cas, exploiter n'importe quelle faiblesse dans l'autre), la problématique à laquelle ils répondent est identique : quel effet cherche à produire la manœuvre ?

Il en est de même avec la notion de friction, clairement identifiée par Clausewitz : Sun Tzu est conscient de l'existence de ces imprévus, mais, à l'instar des Américains dans les années 1990 avec leur concept de Révolution dans les Affaires Militaires, le stratège chinois estime qu'il est possible de les prévenir par le renseignement et une planification rigoureuse.

En conclusion, les notions apparues au fil de la conceptualisation de la stratégie militaire paraissent systématiquement trouver un traitement dans *L'Art de la guerre*. Nous pouvons dès lors affirmer que le système suntzéen nous parait couvrir l'intégralité des concepts militaires en vigueur aujourd'hui.

Pourquoi trouve-t-on tout chez Sun Tzu ?

La conclusion précédente signifie-t-elle pour autant que le stratège chinois a produit une théorie complète, autosuffisante pour guider à chaque instant la conduite d'une guerre ? Autrement questionné :

---

[65] Le centre de gravité se définit comme un « élément, matériel ou immatériel, dont un État, ou un ensemble d'États, une collectivité, une force militaire, tire sa puissance, sa liberté d'action ou sa volonté de combattre » (définition du *Glossaire interarmées de terminologie opérationnelle*). Selon la doctrine française, toute manœuvre doit viser un centre de gravité, clé de voûte dont la disparition ou le retournement contribuera à l'effondrement du système adverse.

face à un scénario donné, l'application des préceptes de Sun Tzu nous livre-t-elle sans ambiguïté une unique solution possible ?

Nous pensons que oui. Au bémol près que *L'Art de la guerre* étant, nous le verrons, un guide plus qu'un manuel, il indique davantage une direction qu'une route à suivre : chaque époque, chaque culture, pourra avoir une interprétation différente des mêmes maximes. Mais il sera toujours possible, selon nous, d'en tirer une ligne de conduite. Pour peu qu'on sache les dépoussiérer, les idées contenues dans *L'Art de la guerre* pourraient ainsi couvrir tout le spectre des problématiques contemporaines du conflit armé.

Il convient toutefois de relativiser cette apparente exhaustivité du traité : ce dernier n'est pas un manuel détaillé pour le général ; Sun Tzu survole la majorité des sujets qu'il touche, à l'exception peut-être de l'étude du terrain. C'est pourquoi Sun Bin, qui est plus précis, rentre plus dans le détail, et s'inscrit de fait plus dans la réalité de son temps, parait vieilli. Et ce sont justement les fois où Sun Tzu est précis (« *On [supplée] à la voix par le tambour et les cloches* ») que ses maximes perdent leur intérêt direct et nécessitent d'être lues à plus haut niveau.

Chaque propos, même le plus caduc, est susceptible de trouver une interprétation qui rendrait son usage pertinent aujourd'hui. Or, la seule adaptation qui nous paraisse licite est celle consistant à remonter au mobile des injonctions, à leur idée inspiratrice, partant du principe que l'application qu'en avait donnée Sun Tzu était conjoncturelle de son époque, et qu'il en aurait apporté une tout autre s'il avait été dans un cadre différent.

L'Art de la guerre ne détaille pas les concepts qu'il expose. Les générations suivantes en ont dès lors la lecture qu'elles souhaitent, assurant ainsi l'intemporalité du traité. Par exemple, le sujet de l'entrainement moral des troupes, porté aux nues par les Communistes, est évoqué mais sans réellement entrer dans les détails. De même, il n'y a pas de véritable réflexion sur le pourquoi de la guerre, comme il est possible d'en trouver dans d'autres écrits chinois anciens. L'idée n'est pas totalement absente, mais le traitement en est très frugal : pour Sun Tzu, le sujet est acquis ; il l'effleure sans le développer.

Le stratège chinois traite donc bien de tous les sujets, mais sans les détailler avec la profondeur d'un Clausewitz. Les rares fois où il s'y essaye, le résultat s'avère peu intéressant car trop attaché à son époque. Une lecture « haute » de *L'Art de la guerre* est donc indispensable pour en saisir l'intemporalité.

Une frontière poreuse entre interprétation licite et malhonnêteté intellectuelle

Le fait que la plupart des maximes de Sun Tzu nécessitent d'être extrapolées pour (re)devenir exploitables ne rend pour autant pas recevable n'importe quelle interprétation. Ce n'est pas parce qu'il est réalisable que le procédé est licite : une interprétation pourrait très bien ne pas correspondre à la pensée suntzéenne ou, plus pernicieusement, ne pas faire partie de son système sans toutefois le contredire. Il convient dès lors de prêter attention à l'honnêteté de l'exercice, sous peine d'aboutir à une corruption involontaire de la pensée de Sun Tzu. C'est donc là un art difficile que d'évaluer jusqu'où un précepte peut être transposé sans que le résultat trahisse le système qu'il expose. La limite de l'interprétation intellectuellement acceptable nous semble être dépassée lorsque l'on fait dire à des maximes des idées censées, mais qui ne découlent en réalité pas de l'idée générale que le stratège chinois voulait exprimer.

Une déformation peut cependant être impossible à déceler pour qui ne connait pas bien le traité. Dans l'exemple ci-après, l'extrapolation qui suit la maxime semble cohérente de la pensée suntzéenne :

> *« On ne combat pas lorsqu'on n'est pas menacé. »* (Chapitre 12)

> Interprétation : Sun Tzu prône le pacifisme : il proscrit toute action dont la seule fin serait d'accroître son territoire ou sa

puissance. Pour lui, il ne faut pas déclencher de guerres autres que défensives.

Cette interprétation est en réalité un contresens. En effet, la maxime s'inscrit dans le cadre plus général de la recommandation au chef militaire et au souverain de savoir maitriser leurs humeurs et de ne pas se laisser emporter par la colère :

> « *On n'entreprend pas une action qui ne répond pas aux intérêts du pays, on ne recourt pas aux armes sans être sûr du succès, **on ne combat pas lorsqu'on n'est pas menacé**. Un souverain digne de ce nom ne lève pas une armée sous le coup de la colère, le véritable chef de guerre n'engage pas la bataille sur un mouvement d'humeur. Ils n'entreprennent une action que si elle répond à leur intérêt, sinon ils renoncent. Car si la joie peut succéder à la colère et le contentement à l'humeur, les nations ne se relèvent pas de leurs cendres ni les morts ne reviennent à la vie.* »
> (Chapitre 12)

L'Art de la guerre n'interdit pas de combattre simplement pour accroître son pouvoir : Sun Tzu considère que la guerre fait partie de la nature humaine. Mais sa recommandation vise ici seulement à préciser qu'il faut bien prendre en considération ce que nous nommerions aujourd'hui « l'état final recherché » pour être assuré que l'opération soit justifiée. De façon particulièrement visionnaire, Sun Tzu cherche à éviter que l'exacerbation d'un conflit débouche sur la « montée aux extrêmes » postulée par les théoriciens de la guerre moderne, au premier rang desquels trône Clausewitz. Utiliser la citation « *On ne combat pas lorsqu'on n'est pas menacé* » pour illustrer un propos pacifique est donc une trahison de la pensée de Sun Tzu.

S'il est bien sûr possible de faire dire les pires absurdités à des phrases sorties de leur contexte, *L'Art de la guerre* ne présente que peu de contradictions internes susceptibles d'être utilisées. Comme nous l'avions annoncé en conclusion de la partie « *Des préceptes contradictoires* » (p. 70), l'ensemble du texte dispose d'une cohérence globale. À la différence d'ouvrages philosophiques et religieux anciens, il n'y a donc finalement pas autant de lectures possibles de *L'Art de la guerre* qu'il y aurait de lecteurs.

Un dernier type d'interprétation tendancieuse est celle de l'extrapolation en phase avec le système suntzéen, mais qui ne peut honnêtement pas découler de la maxime considérée. Des exemples de telles situations peuvent aisément être trouvés dans l'utilisation d'une maxime pour un autre niveau de commandement que celui pour lequel elle a été générée. Il apparait en effet tentant de vouloir prêter à certaines citations une dimension supérieure à celle qu'elles avaient à l'origine :

> *« Les arbres remuent en grand nombre : l'ennemi avance. »* (Chapitre 9)

> Interprétation : L'art du chef réside entre autres dans sa capacité à savoir distinguer, parmi toutes les informations qui lui parviennent, celles qui seules lui apporteront la juste compréhension de la situation.

L'étude du contexte de cette citation ne laisse aucun doute quant au fait que cette maxime a été écrite au premier degré. Sun Tzu n'a pas cherché à cacher une pensée plus subtile, mais a simplement livré brut un aspect tactique totalement conjoncturel de son époque : lorsque l'on voit dans une forêt la cime des arbres bouger, c'est que l'ennemi est en marche en-dessous... Cette devise, d'un niveau tactique de petit échelon (groupe, au mieux section), ne devrait donc plus aujourd'hui présenter d'intérêt. Cet aphorisme peut cependant être extrapolé, en restant conforme à l'esprit du système suntzéen. Par exemple :

> *« Les arbres remuent en grand nombre : l'ennemi avance. »* (Chapitre 9)

> Interprétation : Le général doit être attentif à tous les signaux qui lui parviennent et ne pas rester cantonné à son idée de manœuvre de base.

Là encore, l'interprétation ne peut raisonnablement être considérée comme étant fidèle à l'idée originelle de Sun Tzu, même si elle est en accord avec son système global.

La situation inverse – une citation du niveau stratégique considérée au niveau tactique – est également possible :

> *« La victoire est certaine quand les supputations élaborées dans le temple ancestral avant l'ouverture des hostilités donnent un avantage dans la plupart des domaines ; dans le cas contraire, si on ne l'emporte que dans quelques-uns, on va au-devant d'une défaite. »* (Chapitre 1)

> Interprétation : Il faut envisager un maximum de scénarios possibles avant le combat.

Il s'agit là aussi d'un détournement des propos de Sun Tzu. Cette sentence avait en effet été écrite pour traiter d'un sujet de niveau stratégique et n'avait pas vocation à être transposée à un niveau tactique. Ce type d'extrapolation est pernicieuse en ce qu'elle ne va pas à l'encontre du système suntzéen. Pour autant, l'honnêteté intellectuelle oblige à reconnaitre que ce n'est pas cette idée supérieure qui animait Sun Tzu lorsqu'il a énoncé cette pensée.

La frontière est donc parfois tenue entre ce qui est honnêtement acceptable et ce qui relève de l'escroquerie intellectuelle. La littérature se targuant d'adapter les préceptes du stratège chinois à une discipline autre que le conflit armé abonde. Et il est très fréquent – si ce n'est quasi systématique – d'y trouver des maximes de Sun Tzu dévoyées, tordues pour produire l'injonction recherchée.

La nécessaire lecture psychédélique de Sun Tzu

Cette deuxième partie du présent ouvrage, consacrée à l'étude de la forme du traité, a mis en relief que *L'Art de la guerre* est un ensemble d'observations et d'exemples vaguement liés entre eux ; un assemblage d'éléments hétéroclites, avares en argumentation. Le traité ne suit pas un plan organisé visant à exposer une doctrine de façon systématique ; il ne déroule pas une démonstration logique comme le ferait par exemple un Clausewitz. Sun Tzu ne cherche pas à structurer sa pensée selon un cheminement cartésien, à exposer son plan, démontrer, expliquer et illustrer ses affirmations, bref à présenter un propos comme nous le ferions aujourd'hui. Pour autant, il existe bien un réel « système suntzéen » complet, empli d'idées fortes et originales d'où l'on peut par exemple aisément identifier des différences de positions franches avec le système clausewitzien.

Dès lors, se présentant comme une concaténation de maximes disparates et sans ordonnancement, la compréhension effective du système pensé par Sun Tzu ne peut s'obtenir qu'en se détachant d'une lecture linéaire. S'accrocher à l'attendu découpage par chapitres et chercher à y lire une réflexion organisée et structurée thématique par thématique serait une erreur. Pour véritablement le comprendre, il est indispensable de faire l'effort d'entrer en lui, de se l'approprier. Ainsi, chaque nouveau problème peut se traiter par la question : « Qu'aurait fait Sun Tzu à ma place ? ». Nous recensons, dans l'annexe 1, un total de 275 maximes injonctives dans les quelques dizaines de pages que comporte *L'Art de la guerre*. Les prendre chacune indépendamment ne permet pas d'accéder à la compréhension du réel système pensé par Sun Tzu.

Nous l'avons vu, à l'instar des écrits de sa période, *L'Art de la guerre* est un traité ésotérique dont l'enseignement se transmet plutôt par imprégnation, en exposant des applications du système et non des règles générales ordonnées. Il livre sa philosophie sous forme d'expériences et d'exemples d'application, dont le disciple est censé s'imprégner pour, petit à petit, en déduire la source. La transmission du savoir relève ainsi presque d'un processus de maïeutique socratique. Le traité ne donne pas de principes de la guerre, mais plutôt des idées, presque des « flashs », que le lecteur devra s'approprier pour comprendre la pensée générale. Selon nos critères contemporains, il y aurait presque un côté psychédélique, halluciné, dans l'écriture de *L'Art de la guerre*.

Alors que les Occidentaux ont une vision cartésienne des traités, s'attendant à trouver un raisonnement intellectuel structuré accompagné d'illustrations démonstratives, les anciens manuels chinois suivaient bien souvent une logique plus floue, présentant un magma de concepts dépourvus de liens entre eux, duquel le sens profond était censé être perçu. Les Occidentaux ont plutôt une vision systémique inductive, « top-down » (descendante), tandis que les Chinois auraient tendance à préférer une vision holistique « bottom-up » (ascendante). Tout visionnaire et précurseur qu'il soit, il ne faut donc pas demander à Sun Tzu d'avoir écrit un traité de stratégie tel qu'on le ferait aujourd'hui. Ce serait faire preuve d'anachronisme que de vouloir attendre de cette œuvre la même structure qu'un traité militaire contemporain. La rédaction a eu lieu dans un autre référentiel culturel que le nôtre – la Chine – et surtout il y a près de vingt-cinq siècles.

La façon attendue d'aborder *L'Art de la guerre* est donc de percevoir le texte dans sa globalité, en cherchant à transcender ce corpus de maximes éparses. Cette approche holistique voit *L'Art de la guerre* non pas comme une concaténation de règles plus ou moins indépendantes les unes des autres, mais comme un ensemble de principes fondamentaux desquels tous les préceptes découlent logiquement et s'enrichissent de leur utilisation conjointe. Elle ne se restreint pas au regroupement de maximes sous un même thème, mais génère une plus-value grâce à la notion de « principe d'émergence » où, à partir d'un certain seuil critique de complexité, les systèmes voient apparaitre de nouvelles propriétés, dites propriétés émergentes ; le tout est alors plus que la somme de ses parties.

Vues sous cet angle, les idées profondes de Sun Tzu apparaissent plus clairement dans tous leurs aspects novateurs et visionnaires. Certes, la lecture s'en trouve rendue largement plus exigeante que le survol d'un recueil de maximes chinoises sur l'art de la guerre. Mais, à l'instar de nombre d'autres classiques (comme Clausewitz), il y a un vrai prix à payer pour découvrir une pensée autrement plus riche que ce qu'une lecture trop rapide ou des commentaires éculés pourraient laisser penser.

En définitive, le mode de fonctionnement de *L'Art de la guerre* relève plus de la philosophie que de la doctrine : Sun Tzu doit se lire, se méditer, se relire, et se conserver dans un coin de sa mémoire. Déjà pour combler les vides d'un texte souvent elliptique, mais surtout pour identifier les réalités concrètes qui se cachent derrière les formules poétiques chères à la littérature chinoise. Certes, des préceptes clairs ponctuent son propos ; mais s'ils peuvent parfois être pris au pied de la lettre, ils ne sont qu'un constituant d'un système plus vaste. C'est notamment pourquoi la partie suivante sur l'étude du fond du traité ira quasi-systématiquement picorer des préceptes à travers tout le texte. Les thématiques que nous traiterons ne seront jamais de simples paraphrases des propos de Sun Tzu, mais plutôt une compréhension de son système, déduite de notre travail d'immixtion dans son traité.

Le fond

Notre propos ne sera pas démonstratif : les citations utilisées pour exprimer une idée ne serviront pas à prouver que le raisonnement que nous tenons est juste, mais seulement à illustrer notre thèse. Nous présentons ici notre lecture du traité. D'autres sont possibles (nous y reviendrons dans la conclusion).

L'examen de chacun des grands thèmes que nous avons relevés ne respectera pas une parfaite uniformité dans la longueur du traitement qui en sera donné, car Sun Tzu peut tout aussi bien s'étendre sur plusieurs chapitres pour développer une notion que n'y consacrer qu'une unique maxime perdue dans son texte. De fait, notre volonté n'étant pas de broder autour des idées identifiées, en les enrobant par exemple d'illustrations historiques, leur longueur de développement sera, de façon assumée, disparate.

Les principes de la guerre

La pensée guerrière de Sun Tzu nous parait reposer sur cinq principes.

La guerre est une calamité mais est intrinsèque à la nature humaine

La guerre est, de toute évidence, un fléau :

> *« Les nations ne se relèvent pas de leurs cendres, [...] les morts ne reviennent [pas] à la vie. »* (Chapitre 12)

> *« L'inflation fait rage partout où passent les troupes ; et, là où les prix flambent, les biens du peuple s'épuisent. Privé de ressources, il ressent d'autant plus cruellement le poids des taxes et des corvées. La nation perd son nerf, sa substance, elle se vide de ses richesses, les foyers sont privés de revenus. »* (Chapitre 2)

Pour autant, Sun Tzu ne la condamne pas. Il la considère comme un fait politique :

> « *La guerre est la grande affaire des nations ; elle est le lieu où se décident la vie et la mort ; elle est la voie de la survie ou de la disparition. On ne saurait la traiter à la légère.* » (Chapitre 1)

Si la guerre est certes une calamité qu'il vaut mieux ne pas avoir à affronter, elle n'en demeure pas moins intrinsèque à la nature humaine : rien ne sert de la nier, elle se manifestera de toute façon tôt ou tard. Dès lors, autant faire preuve de lucidité en acceptant son inéluctabilité et de pragmatisme en s'y préparant.

Cette guerre ne doit en outre pas être désirée pour les honneurs et le prestige qu'elle pourrait conférer. Ni pour la troupe, ni pour les chefs :

> « *Celui qui lance ses offensives sans rechercher les honneurs [...] peut être considéré comme le Trésor du Royaume.* » (Chapitre 10)

Nulle exaltation dans *L'Art de la guerre*, nulle glorification, des qualités nécessaires au combattant ou au général. Le métier de chef de guerre est un mal nécessaire à l'État. Cette vision reflète une conception humaniste qui, pour les taoïstes en particulier[66], doit placer la vie et son respect au centre des préoccupations du souverain.

---

[66] Pour Lao Tseu, « Les armes sont des objets funestes que tous les êtres ont en haine, l'homme de la Voie s'en écarte. » (*Le Lao Tseu*, traduction de Jean Lévi, éditions Albin Michel, 2009, chapitre 31)

La guerre est une dialectique entre deux généraux

Sun Tzu voit la guerre comme une confrontation entre deux individus, une « dialectique des volontés » comme le formalisera bien plus tard le général français André Beaufre[67] :

> « *L'invincibilité dépend de soi, la vulnérabilité de l'autre. En effet, si un habile guerrier peut forger son invincibilité, la vulnérabilité de l'ennemi est indépendante de sa volonté. C'est pourquoi je dis : on peut connaître les moyens de la victoire sans nécessairement l'obtenir.* » (Chapitre 4)

Pour Sun Tzu, tout repose en effet sur le chef des armées ; les autres acteurs (soldats, officiers, population, etc.) ne sont que de simples pions, au mieux exécutants. Le souverain lui-même, une fois son chef des armées désigné, n'a plus (ou tout au moins ne devrait plus avoir) qu'un rôle de témoin.

Paradoxalement, le terme « général ennemi » n'est jamais évoqué dans le traité (cf. l'annexe 2 « *Les acteurs de L'Art de la guerre* ») : seul le terme générique de « l'ennemi » ou « l'adversaire » est utilisé (respectivement 62 et 13 fois). Sun Tzu parle de « territoire ennemi » (une dizaine de fois), mais jamais de « général ennemi », de « stratège ennemi », de « prince ennemi » ou de « peuple ennemi ». L'ennemi est ainsi une entité générique plus qu'une personne, c'est l'opposant par excellence, celui vers lequel toute l'attention doit être tournée. Pourtant, tout *L'Art de la guerre* traite bien du combat sous ce prisme d'une dialectique entre deux généraux.

Nous trouvons là une idée forte de la pensée de Sun Tzu : la guerre n'est pas un simple rapport de force dont la comptabilité permettrait de déterminer avec certitude le vainqueur. Dès lors, le système suntzéen se transpose aisément à des sujets comme les stratégies d'entreprise ou le management, car le cœur de ces

---

[67] « La stratégie est l'art de la dialectique des volontés employant la force pour résoudre leur conflit. » André Beaufre, *Introduction à la stratégie*, éditions Hachette de 1988 (édition originale : 1963), p. 34.

activités repose sur la psychologie des protagonistes. Bien au-delà, la gestion de la conflictualité constitue le prisme sous lequel sont abordées toutes les transpositions du traité à des disciplines autres-que-la-guerre. Si le rapport à cette conflictualité peut apparaitre de façon naturelle, par exemple dans le cas du jeu d'échecs[68] qui est bien une confrontation entre deux individus, l'élastique de la transposition est parfois tendu à son paroxysme lorsque que l'on plaque de la conflictualité sur des personnes qui n'ont pas conscience d'être en lutte (comme des amoureux[69]), voire qui n'ont pas de conscience du tout (comme la maladie[70]), ou – encore plus fantaisiste – même lorsqu'il n'y a pas d'adversaire clairement identifié[71].

---

[68] Exemple de transposition aux échecs : Al Lawrence et Elshan Moradiabadi, *Les Échecs et l'Art de la guerre*, éditions Contre-Dires, 2017.

[69] C'est, par exemple, le cas dans *L'Art de la guerre pour les amoureux* (Dr. Connell Cowan et Gail Parent, *The Art of War for Lovers*, Gallery Books, 1998) : le sous-titre indique clairement « Stratégies pratiques pour créer une relation amoureuse et durable à partir de l'ancienne sagesse du guerrier ». Pour paraphraser le docteur Knock, toute activité humaine serait, dès lors, une confrontation qui s'ignore...

[70] Dans *L'Art de la guerre de SunZi et l'art de se soigner* (éditions chinoises du Nouveau Monde, 1997, traduction du chinois par Tang Jialong), Wu Rusong, Wang Hongfu et Huang Ying considèrent la médecine comme une guerre contre la maladie, ou plus généralement contre les affections du corps. Des procédés comme la désinformation sont dans ce cas fortement extrapolés pour être traduits en placebo : le mal croit qu'il est combattu par un médicament... 43 parallèles sont ainsi étudiés tout au long de ces presque 300 pages, laissant une impression de jeu intellectuel intéressant, mais non d'une réelle utilisation de *L'Art de la guerre* pour déduire une tactique à appliquer : l'auteur est médecin, dispose déjà de ses techniques, et va chercher chez Sun Tzu ce qui pourrait ressembler à sa pratique, quitte parfois à user d'interprétations assez contestables pour coller à la « tactique médicale ».

[71] Dans *The Art of War for Writers* (éditions Writer's Digest Books, 2009), James Scott Bell envisage l'écriture comme une succession de combats : il faudra user de tactiques et faire preuve de stratégie pour trouver des idées et créer une bonne histoire, mais aussi affronter ses moments de doute et de remise en question ; enfin, il conviendra de livrer l'ultime bataille pour trouver un éditeur... (véridique !)

La plus belle victoire est celle obtenue sans combat...

L'Art de la guerre porte aux nues une victoire qui serait obtenue sans effusion de sang :

> « *En règle générale, il est préférable de préserver un pays à le détruire [...]. Être victorieux dans tous les combats n'est pas le fin du fin ; soumettre l'ennemi sans croiser le fer, voilà le fin du fin.* » (Chapitre 3)

Sun Tzu n'est pour autant pas un chantre de l'absence de bataille, voire de la non-violence : si la reddition de l'adversaire avant l'engagement est effectivement la façon idéale de remporter la victoire, et donc celle qu'il faut viser, elle n'est pas la seule. Dès lors que l'objectif ne peut être atteint sans confrontation directe, *L'Art de la guerre* envisage parfaitement de recourir au « plan B » qu'est l'affrontement armé violent. Quasiment tout le traité consiste d'ailleurs en recommandations sur la façon de livrer une bataille et de vaincre physiquement l'adversaire. Il convient donc de ne pas confondre l'idéal romantique de la guerre sans victime et la réalité factuelle : la bataille est bien l'horizon indépassable de la guerre[72].

Nous avons évoqué l'aspect particulièrement violent et meurtrier que revêtaient à l'époque de Sun Tzu les conflits entre États. S'il existait un moyen d'éviter les bains de sang dans son propre camp, la solution proposée intéressait forcément le souverain. En découle que la stratégie militaire ne constitue que l'un des éléments, parmi les plus coûteux, d'un ensemble que Sun Tzu énonce sous la forme suivante :

---

[72] Bien que Sun Tzu ne se prononce pas explicitement sur ce point, il convient de se demander si l'absence de bataille signifie forcément absence de combats. Ainsi, si nous prenons l'exemple de la bataille d'Ulm de 1805, certes la victoire de Napoléon peut être considérée comme ayant été obtenue sans livrer bataille, mais il n'empêche que des dizaines de combats ont eu lieu pour obtenir la décision du général autrichien Mack de se rendre. Ces combats, allant de l'escarmouche à des engagements plus conséquents, n'ont toutefois jamais atteint l'effet de seuil pour être qualifiés de bataille.

> *« Le mieux, à la guerre, consiste à attaquer les plans de l'ennemi ; ensuite ses alliances ; ensuite ses troupes ; en dernier ses villes. »* (Chapitre 3)

Cette apparente humanité découle de ce que pour Sun Tzu, le combat n'est qu'une solution dans un contexte de guerre globale, où tous les moyens sont bons pour parvenir à la victoire, et surtout au moindre coût pour l'État, c'est-à-dire sans avoir à engager les énormes dépenses d'une opération militaire et à en encourir les risques :

> *« [Pour] la maison royale, la dépense occasionnée par la destruction des chars, la fatigue des chevaux, le remplacement des casques, des flèches, des arbalètes, des lances, boucliers et palissades, des bêtes de trait et moyens de transport, amputent soixante pour cent du budget de l'Etat. »* (Chapitre 2)

> *« Le grand capitaine soumet les armées sans combat, emporte les places sans en faire le siège, renverse les nations sans campagnes prolongées ; ainsi pourra-t-il vaincre l'univers avec des forces toujours fraîches, puisque jamais ses armées ne s'épuisent au combat et qu'il bénéficie du fruit intact de ses victoires. »* (Chapitre 2)

L'art du général consiste dès lors à créer les conditions nécessaires de la domination pour que le conflit n'ait jamais lieu. Pour ce faire, il est par exemple possible de montrer à son adversaire que l'on devine ses moindres mouvements et que, les devançant, nous sommes capables d'y parer.

C'est donc une idée supérieure que celle de forcer l'opposant à se rendre, en lui faisant apparaitre l'inexorabilité de sa défaite. Le général doit pour cela réellement élaborer sa stratégie de manière à vaincre par le combat sans doute possible, et ne peut qu'espérer que l'adversaire aura la même perception que lui de la situation initiale, et donc de l'issue de l'affrontement.

« Espérer », car adversaire pourrait ne pas vouloir s'avouer vaincu. Soit parce qu'il n'a pas la même perception de l'inéluctabilité de sa défaite (étant mal renseigné, ou au contraire pensant avoir des cartes en mains que nous ignorons) ; soit parce qu'il estime acceptable de « tenter sa chance », le hasard et les phénomènes imprévisibles étant une des constituantes de la guerre (changement brusque de météo, frictions de la guerre, etc.). Le souverain adversaire peut également être convaincu de sa défaite prochaine, mais néanmoins quand même décider d'entrer dans le combat pour des motifs tels que l'honneur ou des causes telles que la folie. Quelle qu'en soit la raison, la bataille est donc toujours possible, l'issue fut-elle déterminée par avance. La victoire obtenue sans combattre est ainsi un idéal à atteindre, mais ne dépend dès lors pas que du seul général.

Sur le plan historique, nous pouvons noter que le confucianisme, qui s'imposa sur la pensée chinoise au cours des siècles suivants, condamnait la guerre et mit au ban toute forme de réflexion militaire, figeant ainsi la pensée stratégique chinoise pendant plus de 2000 ans. Mais, de façon paradoxale, les lettrés confucianistes affinèrent leurs idées en se rapprochant de la position suntzéenne : pour eux, le meilleur souverain était celui qui gouvernait en préparant la guerre sans jamais y avoir recours.

... et tous les moyens sont bons pour remporter la victoire !

Sans surprise, le propos du traité est d'expliquer comment sortir victorieux d'une guerre. Le terme « vaincre » (dans sa forme nominale ou adjective) revient 51 fois dans ce texte de moins de 10 000 mots. Rien que dans le 1er chapitre :

> *« Ceux qui possèdent à fond [ces cinq facteurs] remportent la victoire. »*

> *« La réponse à ces questions permet de déterminer à coup sûr le camp qui détient la victoire. »*

> *« Le général qui se fie à mes calculs sera nécessairement victorieux : il faut se l'attacher. »*

> *« Tels sont les stratagèmes qui apportent la victoire. »*

> *« La victoire est certaine quand les supputations élaborées dans le temple ancestral avant l'ouverture des hostilités donnent un avantage dans la plupart des domaines [...]. Ainsi, qui additionne de nombreux atouts sera victorieux, qui en a peu sera vaincu. »*

Seule compte donc la victoire. Cette dernière doit être recherchée par tous les moyens. À ce titre, *L'Art de la guerre* dépasse toute considération moralisante, tout code d'honneur. Sun Tzu va jusqu'à préconiser le recours à des techniques telles que la trahison ou la corruption (appelées « mensonge » ou « stratagème »). Il n'est pas de « droit des conflits armés » : tous les moyens sont bons pourvu qu'ils assurent la victoire. La fin justifie les moyens...

La conséquence de ce machiavélisme est que les « anciennes valeurs » de chevalerie[73] doivent être bannies :

> *« On dénombre cinq traits de caractère qui représentent un danger pour un général : [...] homme d'honneur, il craindra l'opprobre. »* (Chapitre 8)

Sun Tzu ne s'intéressait pas à l'état final recherché. Il n'affichait pas non plus comme objectif l'assimilation des terres conquises. Pourtant, sa plus célèbre maxime « *Être victorieux dans tous les*

---

[73] Cette position de Sun Tzu est emblématique du changement de société s'étant opéré entre la période « des Printemps et des automnes » (722 à 476 av. J.-C.) et celle des Royaumes combattants (476 à 221 av. J.-C.) dans laquelle évoluait Sun Tzu. Durant la période des Printemps et de des Automnes, l'idéal militaire était fondé sur des pratiques chevaleresques comparables à celles du Moyen-Âge en Europe et au Japon : les nobles combattaient leurs pairs, montés sur des chars ; l'honneur était jalousement défendu. Les codes militaires imposaient le traitement équitable de l'ennemi, et la défaite sur le champ de bataille n'entraînait pas encore la disparition d'un État. À l'époque de Sun Tzu, l'idée d'honneur était donc encore présente chez certains qui auraient pu avoir la nostalgie d'un passé magnifié.

combats n'est pas le fin du fin ; soumettre l'ennemi sans croiser le fer, voilà le fin du fin » pourrait y laisser croire : cette injonction suntzéenne de soumettre plutôt que d'écraser est parfois expliquée en contextualisant que l'univers des Royaumes combattants étant clos, l'ennemi d'aujourd'hui allait devenir le sujet de demain et qu'il ne fallait donc pas se mettre à dos ses habitants ni saccager ce qui allait devenir son propre territoire. Pourtant, nous pensons que cela est faux : pour Sun Tzu, le général ne doit pas chercher à assimiler l'adversaire ; il a comme unique objectif de remporter la victoire dans la guerre que lui a confiée le souverain. Nulle part Sun Tzu écrit qu'il faut respecter les populations conquises : il s'agit d'une interprétation postérieure, reposant notamment sur d'autres écrits chinois de stratégie. Mais pas celui de Sun Tzu.

L'Art de la guerre semble pourtant faire preuve de compassion à l'égard de l'adversaire :

> *« On traitera humainement les prisonniers. »* (Chapitre 2)

Ce n'est toutefois pas l'humanisme qui guide ce précepte, mais le pragmatisme : si les troupes adverses sont instruites de notre clémence, elles n'hésiteront pas à se rendre. Cette maxime est en effet à mettre en lien avec l'analyse suivante :

> *« Des soldats qui n'ont d'autre alternative que la mort se battent avec la plus sauvage énergie. N'ayant plus rien à perdre, ils n'ont plus peur ; ils ne cèdent pas d'un pouce, puisqu'ils n'ont nulle part où aller. »* (Chapitre 11)

Laisser se débander un ennemi vaincu était moins risqué pour soi que l'acculer à se battre jusqu'à la mort, et ce pour un résultat au bout du compte identique : la victoire.

La conduite de la guerre doit rester une affaire de militaires

Sun Tzu est catégorique vis-à-vis du rôle du souverain dans la conduite de la guerre :

« *Un souverain peut être une cause de troubles pour l'armée de trois façons. Il entrave les opérations militaires quand il commande des manœuvres d'avance et de recul impraticables ; il trouble l'esprit des officiers quand il cherche à intervenir dans l'administration des trois armes alors qu'il en ignore tout ; il sème la défiance chez les hommes en cherchant à s'immiscer dans la distribution des responsabilités alors qu'il ne connaît rien à l'exercice du commandement.* » (Chapitre 3)

Cela signifierait-il que, pour retourner la formule de Clémenceau, la guerre serait une chose trop grave pour être confiée au politique ?

Absolument pas. Bien au contraire.

Pour Sun Tzu, le souverain décide seul du bien-fondé de déclencher une guerre. Cette dernière est donc bien la continuation de la politique par d'autres moyens. En ce sens, Sun Tzu est manifestement clausewitzien !

Mais le stratège chinois met en évidence toute l'importance de la distinction entre *indépendance* et *autonomie* : une fois la décision prise d'engager une guerre, le souverain doit désigner le général qui aura à mener cette tâche et lui signifier sa mission ; puis, éventuellement, fixer à ce dernier les modalités d'exécution de cette mission. À l'issue, il ne devra plus y avoir d'immixtion du politique dans les affaires militaires. À tel point que Sun Tzu va jusqu'à affirmer que le général est réellement tout puissant quant à la conduite des opérations :

« *Celui dont les officiers sont compétents et qui n'a pas à pâtir de l'ingérence du souverain remportera la victoire.* » (Chapitre 3)

« *Il est des ordres royaux à ne pas obéir.* » (Chapitre 8)

« *Si la théorie militaire vous donne pour victorieux, même si le souverain s'y oppose, vous devez passer outre et livrer combat ; en revanche, si les lois de la stratégie vous donnent pour battu, vous devez renoncer aux hostilités, même si le souverain vous le commande.* » (Chapitre 10)

Ce point est d'ailleurs particulièrement souligné par l'anecdote des concubines qui, bien qu'étant postérieure de deux siècles à l'écriture du traité, illustre clairement qu'une fois que le souverain a désigné son général et donné ses ordres, il ne saurait plus être question d'interférer dans l'exécution de ces derniers. Ainsi, comme Sima Qian le fait dire à Sun Tzu :

> *« Une fois que le général a reçu ses ordres et se trouve sur le terrain, il ne peut accepter même les ordres de son souverain. »*

Dans l'histoire de Sima Qian, constatant que le roi désapprouvait les méthodes de Sun Tzu, ce dernier jugea très durement le souverain en considérant que s'il ne voulait pas arriver à la décapitation de ses deux favorites, il n'aurait pas dû donner l'ordre initial de dresser le gynécée royal en armée, quand bien même il ne prévoyait pas à l'avance que l'exécution de la mission prendrait une telle tournure. Là encore, Sun Tzu est clausewitzien en ce qu'il a parfaitement conscience que la guerre est animée d'une vie propre qui échappe totalement à ses géniteurs une fois engagée.

Le souverain est donc entièrement responsable des malheurs et des peines qu'engendrent ses ordres, et il ne saurait être question de se défausser de la responsabilité sur l'exécutant à qui l'on aurait donné carte blanche (même si assortie de consignes).

Sun Tzu a toutefois bien conscience que cette indiscipline pourrait être reprochée au général :

> *« Celui qui lance ses offensives sans rechercher les honneurs et <u>bat en retraite sans craindre les châtiments,</u> mais qui, attaché aux intérêts du Prince, a pour unique ambition la défense de ses peuples, peut être considéré comme le Trésor du Royaume. »* (Chapitre 10)

Mais il suppose certainement qu'au bout du compte, la raison vaincra, et que la prise de conscience de la justesse de la décision absoudra son caractère insubordinationnel. Au pire, l'Histoire reconnaitra la justesse de jugement du malheureux général...

Cette indépendance du général peut s'étendre jusqu'à son style de commandement :

> « *Un grand capitaine dispense des récompenses non prévues par la loi et promulgue des édits qui ne sont consignés dans aucun code.* » (Chapitre 11)

Nous pouvons donc en déduire que l'objectif du général est de fixer les règles du jeu au moment de sa nomination à la tête des armées : s'il est choisi, il n'acceptera plus, une fois le conflit engagé, de recevoir d'ordres du souverain. Quant à ce dernier, il devra clairement fixer à son chef des armées les limites à ne pas franchir en termes de violence.

De nos jours, la stricte séparation des responsabilités n'est plus de mise dans les démocraties occidentales où les armes cèdent forcément à la toge. Mais il parait intéressant de se rappeler que cette mesure radicale avait était jugée nécessaire par Sun Tzu pour assurer la victoire des armes.

Acquérir la supériorité informationnelle

Nous ne reviendrons pas sur l'idée exprimée dans la partie *« L'indispensable adaptation des préceptes »* (p. 90) affirmant que tout ce que livre Sun Tzu nécessite d'être transposé au monde moderne, et que lorsqu'il traite du renseignement, il convient d'adapter ses idées aux technologies, procédés et mœurs actuelles. Les idées présentées ici s'attachent à livrer une lecture contemporaine de ce que Sun Tzu a dit de la supériorité informationnelle, mais sans chercher à effectuer une transposition aux technologies et procédés en cours, transposition qui deviendrait trop rapidement caduque.

La puissance de la connaissance

Sun Tzu estime que la victoire ne peut s'obtenir que par la conquête de la supériorité informationnelle sur l'adversaire. Le père de la stratégie exhorte en effet à la compréhension de l'environnement du champ de bataille et à la recherche de renseignement :

> *« Un grand général construit sa victoire sur sa connaissance de l'ennemi et tient un compte précis de la nature du terrain et des distances. »* (Chapitre 10)

Cette connaissance serait à elle seule garante de la victoire :

> *« Un prince avisé et un brillant capitaine sortent toujours victorieux de leurs campagnes et se couvrent d'une gloire qui éclipse leurs rivaux grâce à leur capacité de prévision. Or la prévision ne vient ni des esprits ni des dieux ; elle n'est pas tirée de l'analogie avec le passé pas plus qu'elle n'est le fruit des conjectures. Elle provient uniquement des renseignements obtenus auprès de ceux qui connaissent la situation de l'adversaire. »* (Chapitre 13)

Sun Tzu considère en effet que les bonnes décisions prises par le général ne résultent pas tant de son intuition créative ou de ses audaces, mais de ses capacités d'analyse et de calcul basées sur la possession d'informations fiables.

Les conséquences d'un défaut de renseignement ne se feront pas attendre :

> *« Si le général, incapable de jauger les forces adverses, se heurte à un ennemi alignant des troupes supérieures en nombre ou en puissance, sans qu'il puisse lui opposer un corps d'élite, il y aura déroute. »* (Chapitre 10)

Si le renseignement parait naturellement avoir pour objet l'adversaire et ses intentions, Sun Tzu ne limite pas le besoin de connaissance à ce seul domaine. Le général doit en effet acquérir :

- La connaissance de soi-même
  - Sa propre personne
  - Ses forces
- La connaissance de l'adversaire
  - L'adversaire lui-même
  - Les autres forces en présence
- La connaissance de l'environnement
  - Le terrain
  - La météo

Un aphorisme résume remarquablement tous ces points :

> *« Qui connaît l'autre et se connaît ne sera point défait ; qui connaît Ciel et Terre volera de victoire en victoire. »* (Chapitre 10 ; « Ciel » et « Terre » s'entendant bien sûr ici comme les facteurs climatiques et topographiques)

Nous traiterons en détail de la connaissance que le chef doit avoir sur sa propre personne dans la partie *« Le général doit être lucide vis-à-vis de lui-même »* (p. 187).

Concernant la connaissance relative à ses propres troupes, Sun Tzu indique bien qu'il est capital d'avoir une parfaite vision de ses moyens (volume, équipement, degré d'entraînement, moral...) et une lucidité sur ses propres capacités :

> *« Être fixé sur l'absence de capacités défensives adverses sans s'aviser de son manque de potentiel offensif, c'est réduire ses chances de victoire de moitié. »* (Chapitre 10)

Concernant le renseignement sur les autres forces en présence, nous l'étudierons dans la partie « *Agir sur l'environnement diplomatique* » (p. 169).

Le traitement de l'aspect météorologique est, quant à lui, paradoxal : bien que *L'Art de la guerre* ne l'évoque qu'au travers de quelques maximes, Sun Tzu place son importance au même niveau que la connaissance du terrain :

> *« La guerre est subordonnée à cinq facteurs [...] le second [est] le climat, le troisième la topographie [...] »* (Chapitre 1)

Il est surprenant de constater la modernité de cette liste de domaines d'informations que doit acquérir le chef militaire, notamment en regard des cadres d'ordres communément utilisés de nos jours. Par exemple, pour l'armée de Terre française, le chef doit ainsi décrire la situation :

> Primo : Situation
>   Alfa : Forces ennemies
>   Bravo : Forces amies
>   Charlie : Renforcement et prélèvements (énumération des unités attribuées en renforcement ou à détacher)
>   Delta : Population – Terrain
>   Echo : Évaluation de la situation par le chef
>   [...]

Nous retrouvons bien là les domaines de connaissance évoqués plus haut.

Une première utilité des renseignements obtenus sur l'adversaire est de permettre notre comparaison avec lui (exactement comme procèdent les états-majors actuels) :

> *« Pris en compte dans les calculs, [les cinq facteurs] permettent une évaluation exacte du rapport de forces. Il suffit pour cela de se demander :*
> *Qui a les meilleures institutions ? Qui a le meilleur général ? Qui a les conditions climatiques et géographiques les plus favorables ? Qui a la meilleure discipline ? Qui a l'armée la plus puissante et les soldats les mieux aguerris ? Qui possède le système de récompenses et de châtiments le plus efficace ?*
> *La réponse à ces questions permet de déterminer à coup sûr le camp qui détient la victoire. »* (Chapitre 1)

L'étude du terrain

Le besoin en renseignements du chef ne se restreint pas à l'adversaire : Sun Tzu insiste particulièrement sur la nécessité de connaitre le terrain. Alors qu'il est bien connu que *L'Art de la guerre* consacre un chapitre entier à l'espionnage, on oublie parfois que l'étude du terrain occupe pas moins de trois chapitres (du 9 au 11) et ce, sans que le sujet ne se cantonne à ces seuls emplacements.

Une perception correcte de la nature du champ de bataille potentiel est en effet indispensable pour l'élaboration de la manœuvre. Son étude relève d'une obligation pour le général :

> *« La configuration topographique est d'un précieux concours dans les opérations militaires. Un grand général construit sa victoire sur la connaissance de l'ennemi et tient un compte précis de la nature du terrain et des distances. »* (Chapitre 10)

> *« Être fixé sur l'absence de capacités défensives adverses et sur ses propres possibilités offensives, sans savoir que le terrain ne se prête pas à l'engagement, c'est [...] n'avoir entre les mains que la moitié de la victoire. »* (Chapitre 10)

L'objectif de cette connaissance est bien sûr d'être une composante de l'élaboration de la manœuvre :

> *« Qui ignore la nature du terrain – montueux ou boisé, accidenté ou marécageux – ne pourra faire avancer ses troupes ; qui ne sait faire usage d'éclaireurs sera dans l'incapacité de profiter des avantages topographiques. »*
> (Chapitre 7)

Ceci à la fois pour savoir comment réagir lorsque l'on se retrouve à devoir combattre dans un tel environnement, mais surtout pour essayer de penser à l'avance le terrain le plus favorable et y attirer l'ennemi :

> *« Qui excelle à la guerre dirige les mouvements de l'autre et ne se laisse pas dicter les siens. »* (Chapitre 6)

Si à l'époque de Sun Tzu, il n'était pas encore question de photos aériennes ou satellites pour étudier les potentielles zones d'affrontement, la nécessité de cette recherche préalable d'informations est pourtant claire :

> *« Qui ne sait recourir aux éclaireurs sera incapable de tirer parti des avantages du terrain. »* (Chapitre 11)

L'utilisation judicieuse du terrain est d'une telle importance aux yeux de Sun Tzu qu'elle peut à elle seule supplanter la puissance d'une armée :

> *« L'habile homme de guerre s'appuie sur la position stratégique et non sur des qualités personnelles. »*
> (Chapitre 5)

Toutefois, à l'instar de la plupart des taxinomies établies par Sun Tzu, la classification des terrains proposée dans *L'Art de la guerre* a mal vieilli. Il convient bien ici de se détacher de la stricte lettre pour ne retenir que l'idée principale : la connaissance des terrains que l'on va rencontrer et la compréhension de leur implication en termes opérationnels est une nécessité pour le chef militaire.

Un procédé : l'espionnage

Sun Tzu consacre l'intégralité du dernier chapitre de son traité aux espions. Pour lui, leur usage relève de l'obligation. *L'Art de la guerre* s'achève d'ailleurs sur cette phrase[74] :

> *« Le rôle [des espions] est essentiel et [...] sur eux reposent les mouvements d'une armée. »* (Chapitre 13)

Dans *L'Art de la guerre*, les espions sont considérés comme des êtres véritablement à part, sur lesquels l'attention du général doit constamment être portée :

> *« Dans une armée, personne n'entretient de rapports aussi intimes avec le commandement que les espions, personne ne reçoit des gratifications aussi élevées que les espions, personne n'a accès à des affaires aussi secrètes que les espions. »* (Chapitre 13)

La capacité à recruter de bons espions constitue dès lors une véritable qualité du général :

> *« Seul un souverain avisé et un habile général sont capables de recruter leurs espions chez des hommes à l'intelligence supérieure, de sorte qu'ils accomplissent des exploits, tant il est vrai que leur rôle est essentiel et que sur eux reposent les mouvements d'une armée. »* (Chapitre 13)

Nous pouvons remarquer que le souverain est également concerné par le recrutement des espions. Sun Tzu ne précise toutefois pas s'il s'agit des mêmes individus. Peut-être pense-t-il à une répartition des agents entre les deux autorités : le souverain recruterait ceux susceptibles de lui apporter des informations stratégiques, et le général les espions qui lui apporteraient des informations plus tactiques. Ou alors il s'agit des mêmes, le général ayant de toute

---

[74] Rappelons cependant qu'il serait erroné et anachronique d'apporter de l'importance à l'emplacement de cette maxime, Sun Tzu n'ayant pas réellement composé son traité tel que nous le recevons aujourd'hui.

façon besoin de disposer d'une claire compréhension des visées stratégiques de l'adversaire. Sun Tzu affirmerait alors par cette maxime serait que le général a besoin de l'appui du souverain pour disposer d'un prétexte afin d'approcher les candidats potentiels (ministres, membres de la famille royale, etc.). Le doute existe.

Un procédé de recrutement des espions consiste à déceler ceux envoyés par l'ennemi et à les retourner :

> *« Il est indispensable de repérer les agents ennemis envoyés en renseignement. On entrera en contact avec eux pour les soudoyer ; on les appâtera par une promesse d'établissement. C'est de cette façon que se recrutent les agents doubles. »* (Chapitre 13)

Si Sun Tzu observe que les espions coûtent très cher, il affirme clairement que ce serait pourtant une erreur d'économiser sur ce budget :

> *« Le général qui n'est pas au fait de la situation réelle de l'adversaire parce qu'il plaint son or et ses prébendes est un monstre d'inhumanité. Il ne mérite pas de commander une armée ni de seconder un prince. »* (Chapitre 13)

Utiliser des espions ne constitue cependant pas une condition suffisante pour la victoire. Encore faut-il efficacement exploiter le renseignement qu'ils ramènent, avoir l'intuition pour débroussailler le vrai du faux, et savoir repérer les signes annonciateurs d'une intention adverse :

> *« L'exploitation du renseignement [que fournissent les espions] nécessite subtilité et discrétion. »* (Chapitre 13)

Si Sun Tzu a été particulièrement visionnaire et précurseur dans son traitement cynique de l'espionnage, il convient toutefois de noter que l'intégralité du chapitre qu'il consacre à ce procédé n'est pas flamboyant de la première à la dernière ligne. Ainsi, sa classification des espions en agents indigènes, agents intérieurs, agents retournés, agents sacrifiés et agents préservés n'a plus guère de pertinence aujourd'hui.

Remarquons enfin que Sun Tzu parle bien d' « espions » et pas d' « agents secrets » ou de « forces spéciales » : seule la mission de collecte du renseignement leur est confiée. L'assassinat d'un ennemi, pourtant bien évoquée au chapitre 13, semble relever d'un autre type d'agent, non précisé :

> *« Il est de règle, tant pour monter une attaque, s'emparer d'une ville ou <u>assassiner un ennemi</u>, de se renseigner au préalable sur l'identité du général responsable, des membres de sa suite, des chambellans, des portiers, des secrétaires, et de s'assurer que les espions en soient toujours parfaitement informés. »* (Chapitre 13)

L'espionnage n'est bien sûr pas l'unique moyen de récupérer du renseignement sur l'adversaire et ses intentions. Par exemple, les reconnaissances et coups de sonde sont un excellent procédé :

> *« Poussez [l'ennemi] à l'action pour découvrir les principes de ses mouvements ; forcez-le à dévoiler son dispositif afin de déterminer si la position est avantageuse ou non ; harcelez-le afin de repérer ses points forts et ses points faibles. »* (Chapitre 6)

... mais force est de reconnaitre que Sun Tzu a consacré un chapitre entier – et explicite – sur l'espionnage, et que nombre de lecteurs ne conservent que ce souvenir du traité.

Le calcul prévaut sur la témérité

Nulle part dans *L'Art de la guerre* nous ne voyons le courage ou l'audace présentées comme des qualités nécessaires au général. Une unique maxime évoque explicitement la prise de risque :

> *« Un général avisé prend toujours en compte, dans ses supputations, tant les avantages que les inconvénients d'une option. Il voit les profits et peut tenter des*

entreprises ; il ne néglige pas les risques et évite les désagréments. » (Chapitre 8)

Mais dans ce passage, isolé, il n'est pas flagrant que Sun Tzu invite à la témérité. La raison semble prévaloir à travers tout le traité : Sun Tzu porte aux nues le calcul et la planification, peut-être de façon excessive, et laisse entendre qu'il est toujours possible d'être suffisamment bien renseigné pour permettre une prise de décision judicieuse (sous réserve – nous venons de le voir – que l'on dispose du génie militaire permettant de faire les liens entre les faisceaux d'informations recueillis).

Nous sommes donc ici à l'opposé de Clausewitz, pour qui le brouillard de la guerre est permanent, et chez qui le général ne peut que prendre des décisions dans l'incertitude de leur réussite future. Pourtant, Sun Tzu ne perçoit pas la guerre comme totalement dépourvue de hasard et d'incertitude. Le risque existe bien :

> « *Tout engagement présente des avantages comme des risques.* » (Chapitre 7)

> « *La tâche du général se borne à rassembler ses troupes pour les jeter au cœur du danger.* » (Chapitre 11)

> « *Si l'on veut s'emparer de la victoire, il faut la cueillir au milieu du danger.* » (Chapitre 11)

Il est toutefois possible de se demander si Sun Tzu ne parle ici pas seulement du danger de se faire tuer, danger que court tout soldat (il y aura des morts, mais on ne peut savoir lesquels ; le général lui-même est exposé à une flèche perdue ou précise). Tel que présenté à travers le traité, le résultat d'une bataille ou d'une guerre relève plus de la mécanique que du hasard. La tâche du général consiste dès lors à comprendre ces rouages et évaluer au mieux les facteurs entrant en ligne de compte pour la victoire.

En définitive, Sun Tzu observe que l'activité guerrière présente de réels risques. Pour autant, il semblerait qu'il cherche à minimiser ces derniers. Alors, *L'Art de la guerre* rejette-t-il définitivement la devise « Qui ose gagne » ? Oui et non ! Examinons en effet le passage suivant :

> *« Autrefois, on considérait comme habiles ceux qui savaient vaincre sans péril ; ils ne bénéficiaient ni de la réputation des sages ni de la gloire des preux ; avec eux, pas de combats douteux ; l'issue n'était pas douteuse, en ce que, quelle que fût la stratégie employée, ils étaient nécessairement victorieux car ils triomphaient d'un adversaire déjà à terre. »* (Chapitre 4)

Nous déduisons que, dans les temps anciens (c'est-à-dire dans l'idéal), ceux qui étaient couverts de gloire étaient les preux. Pour autant, Sun Tzu déclare que ce n'est pas ce qu'il faut rechercher : les vrais personnages dignes d'être glorifiés, les « habiles », sont ceux qui vainquent sans péril, ayant tout mis en œuvre pour que la victoire soit certaine.

Ces préceptes pourraient être vus comme dangereux si le général en venait à être inactif, redoutant toujours une ruse de l'adversaire et ne prenant plus aucun risque. Nous verrons dans la partie « *Recourir à la ruse* » (p. 161) qu'un des principes fondamentaux de *L'Art de la guerre* est la duperie. Dès lors, il apparait naturel que l'ennemi tente d'en faire autant à notre encontre :

> *« On ne poursuit pas une armée dont la retraite est simulée ; [...] on ne gobe pas l'appât que l'adversaire vous tend. »* (Chapitre 7)

Cette formule, apparemment très incantatoire (comment savoir que l'ennemi est en train de nous tendre un piège ?) doit se comprendre comme l'injonction de Sun Tzu de rester toujours sur nos gardes, de sans cesse nous demander si l'adversaire ne pourrait pas être en train de ruser à notre encontre. Une grande partie du chapitre 9 est d'ailleurs consacrée à dresser la liste des situations susceptibles de se présenter :

> *« L'ennemi est loin et pourtant nous provoque : il veut nous attirer ; il campe sur un lieu dégagé : il cache quelque*

atout ; [...] L'ennemi se montre humble et renforce son dispositif : il se prépare à l'offensive ; ses hérauts sont pleins de morgue et il fait mine d'avancer : il s'apprête à battre en retraite. [...] L'ennemi demande la paix sans pourparlers préalables : il complote. Il avance en toute hâte, rangé en formation de combat : il a prévu une jonction ; moitié il bat en retraite, moitié il se lance à l'assaut : il nous appâte. [...] Lorsque la partie adverse envoie des émissaires prendre des nouvelles, c'est qu'elle souhaite nous voir relâcher notre vigilance. Lorsque l'adversaire se porte à vos devants et tarde à engager le combat, sans toutefois se retirer, il convient de faire preuve de la plus grande circonspection. » (Chapitre 9)

Pour contrer cette duperie, le général peut bien sûr se fier à son intuition et son instinct. Mais ces derniers se fondent sur la connaissance qu'il aura acquise de son adversaire et de ses intentions :

« Qui sait quand il faut combattre et quand il faut s'en abstenir sera victorieux. » (Chapitre 3)

Le renseignement peut dès lors agir comme une drogue. Le général peut en effet se retrouver paralysé, redoutant toujours une ruse de l'adversaire car n'ayant jamais la pleine certitude de sa position, sa force ou ses intentions. Il subirait systématiquement l'action et ne serait jamais maitre du tempo. Quand il se déciderait enfin à enclencher une manœuvre, il serait toujours trop tard : attendre d'en savoir assez pour agir en toute lumière condamne à l'inaction.

Sun Tzu n'envisage pas de gagner des délais par une prise de décision trop instinctive, trop impulsive : louant la planification, il n'accepte la prise de risque que si cette dernière est finement évaluée par une collecte et une analyse du maximum d'informations possible. La sagesse et la raison doivent tempérer les velléités du chef militaire, le courage seul ne pouvant, selon lui, que conduire au désastre.

Pour autant, affirmer que le système suntzéen ne peut qu'aboutir à la paralysie sur le champ de bataille relèverait d'une lecture incomplète de *L'Art de la guerre*. Comme nous le verrons dans la partie suivante sur la manœuvre (p. 136), Sun Tzu exhorte bien à la prise rapide de décision et à une recherche de sidération de l'adversaire : celui qui prend l'ascendant en termes de renseignement peut de fait bénéficier de l'initiative. Le stratège chinois conserve donc clairement à l'esprit que l'enjeu de la supériorité informationnelle est la supériorité décisionnelle. Le général ne doit pas attendre passivement de recevoir suffisamment de renseignements ; il doit en amont penser toute son organisation pour que celle-ci lui fournisse à temps la bonne information.

Nous avons ainsi là un trait singulier du système développé par Sun Tzu, rarement exprimé par les stratèges ultérieurs. Pourtant, il est en parfait accord avec la pratique actuelle. En effet, si la prise de risque des grands militaires du passé est aujourd'hui vantée – surtout lorsqu'elle a réussi – force est de constater que cette valeur est paradoxalement combattue : qui dit prise de risque sous-entend mise au ban en cas d'échec. D'où un alourdissement de la planification, supprimant toute initiative des subordonnés de peur qu'une trop grande liberté conduise à des morts ! Cette absence contemporaine de prise de risque ne prémunit absolument pas de l'échec, mais de la punition ! (« Nous avions tout calculé selon les abaques et appliqué la méthode de raisonnement à la lettre : nous n'avons donc commis aucune faute professionnelle... »). Du principe de précaution dans les armées, prophétisé il y a 2500 par Sun Tzu...

En conclusion, lorsque Sun Tzu écrit :

> *« On ne poursuit pas une armée dont la retraite est simulée ; [...] on ne gobe pas l'appât que l'adversaire vous tend. »* (Chapitre 7)

... il traite là de l'intuition (le « génie militaire » que nous étudierons dans la partie dédié, p. 180) et, bien sûr, du juste besoin en renseignement lui permettant d'estimer quand l'ennemi lui tend un piège.

Contrer l'adversaire par l'hermétisme et la désinformation

La supériorité informationnelle n'a pas pour objectif de tout savoir, mais d'en savoir suffisamment plus que l'adversaire. Et un bon moyen d'en savoir plus que l'adversaire est que ce dernier en sache moins !

Une première façon de conserver le secret consiste à partager le moins possible ses intentions :

> *« Un général se doit d'être impavide pour garder ses secrets. »* (Chapitre 11)

Il s'agit logiquement de chercher à être le plus hermétique possible face au renseignement de l'ennemi. Moins ce dernier connaitra avec précision notre position, nos effectifs et nos intentions, et moins il sera à même d'avoir l'initiative de l'action. Il sera alors obligé d'agir dans le brouillard, en se rabattant sur une disposition à même d'englober tout le champ des possibles, manœuvre qui s'avèrera forcément moins efficace car ne pouvant répondre à aucun des principes français[75] de la guerre : concentration des efforts, économie des moyens, liberté d'action.

> *« S'il ne sait où je vais porter l'offensive, l'ennemi est obligé de se défendre sur tous les fronts. »* (Chapitre 6)

La manœuvre permanente est à cet égard un excellent moyen de maintenir l'adversaire dans l'incertitude quant à nos intentions :

> *« Je l'oblige à dévoiler ses formations <u>sans jamais trahir ma forme</u>. »* (Chapitre 6)

---

[75] Chaque pays théorise ses propres principes de la guerre. Ceux énoncés ici ont été arrêtés en France après la Seconde Guerre mondiale.

Un autre procédé réside aussi bien sûr dans le contre-espionnage. À cette occasion, Sun Tzu ne manque pas de souligner l'opportunité que représente l'identification des espions ennemis : le général doit si possible chercher à les retourner afin de leur faire transmettre de fausses informations et même renseigner pour notre propre compte :

> *« Il est indispensable de repérer les agents ennemis envoyés en renseignement. On entrera en contact avec eux pour les soudoyer. On les appâtera par une promesse d'établissement. C'est de cette façon que se recrutent les agents doubles. »* (Chapitre 13)

Mais lorsque la fuite provient de son propre camp, Sun Tzu recommande alors bien évidemment de remédier au plus tôt à cette fuite :

> *« Si une opération secrète s'ébruite avant qu'elle n'ait été menée à bien, il convient d'éliminer l'espion ainsi que la source de la fuite. »* (Chapitre 13)

Comme nous l'avions évoqué dans la partie *« L'indispensable adaptation des préceptes »* (p. 90), l'élimination physique évoquée ici ne doit pas nécessairement être prise au pied de la lettre : ce dont il est question est bien l'interruption immédiate de cette fuite d'informations. À moins, bien sûr, de saisir l'opportunité d'entreprendre une manœuvre de désinformation, pour faire acquérir à l'adversaire une certitude erronée ou semer le doute sur ce qu'il croit savoir :

> *« Un agent sacrifié est un espion chargé de transmettre de faux renseignements aux services ennemis. [...] Par l'entremise [des agents doubles], on est à même de savoir quelles fausses rumeurs il faut charger les espions sacrifiés de répandre pour intoxiquer l'ennemi. »* (Chapitre 13)

Cette remarque est un des piliers de la philosophie suntzéenne, exprimée dans le premier chapitre de *L'Art de la guerre* avec le fondateur « La guerre repose sur le mensonge » :

« La guerre repose sur le mensonge. Capable, passez pour incapable ; prêt au combat, ne le laissez pas voir ; proche, semblez donc loin ; loin, semblez donc proche. Attirez l'adversaire par la promesse d'un avantage ; prenez-le au piège en feignant le désordre. » (Chapitre 1)

Manœuvrer sans cesse pour saisir les opportunités

L'Art de la guerre enjoint à une manœuvre continuelle, incessante, permanente. Ceci afin de servir différents objectifs comme la conquête de la liberté d'action, la dissimulation de ses intentions ou l'acquisition de renseignement. À cette fin, le stratège chinois commande de ne pas laisser l'adversaire dérouler ses plans, de conserver l'initiative en ne cessant de manœuvrer et de harceler l'ennemi, et surtout de saisir toute opportunité de le frapper à peu de frais, jusqu'à ce que le coup s'avère décisif. Détaillons tout cela.

Modeler l'adversaire

Les prescriptions de Sun Tzu en matière de conduite du combat pourraient trouver illustration dans l'image d'un boxeur en déplacement permanent, imposant un rythme calculé à son adversaire car connaissant parfaitement les forces et faiblesses de ce dernier, et prêt à frapper au moindre relâchement de garde.

En effet, pour Sun Tzu, la victoire ne s'obtient pas au travers d'une bataille rangée décisive qui serait la conclusion de la manœuvre des deux protagonistes. Elle est plutôt le résultat d'un combat de harcèlement ayant abouti à l'apparition de failles chez l'adversaire, failles qui conduiront à sa perte :

> *« Il faut créer les conditions qui permettent le recours à des procédés qui sortent de la règle commune ; j'entends par-là profiter de la moindre opportunité pour emporter l'avantage. »* (Chapitre 1)

Ce n'est pas le concept de bataille décisive qui est remis en question, mais la condition de sa survenue :

> *« Combinez vos plans en fonction des mouvements de l'ennemi et décidez alors du lieu et du moment de la bataille décisive. »* (Chapitre 11)

Toute l'originalité de Sun Tzu par rapport à la pensée contemporaine dominante réside ainsi dans l'injonction de concevoir le combat comme une réaction à l'action de l'autre :

> *« L'ennemi laisse béer l'ouverture : on s'y engouffre sans délai et on se rend maître de quelque point vital, sans lui laisser deviner la date choisie pour l'engagement. »*
> (Chapitre 11)

L'apparition de conditions susceptibles de provoquer l'effondrement de l'ennemi ne doit en effet rien au hasard : elle se construit. Dès lors, toute la manœuvre suntzéenne doit être axée sur cette construction, sur ce modelage de l'adversaire.

Harceler

La survenue du « bon moment » pour agir, le *kairos* grec, est certes imprévisible et parait donc relever d'une forme de chance, mais Sun Tzu se veut proactif en la matière en considérant qu'il est nécessaire de créer les conditions qui maximisent sa probabilité d'advenir. Il y a en effet deux façons de penser l'occasion : comme rencontre (on saisit alors la chance « qui passe ») ou comme résultat (d'un processus déjà engagé). L'occasion est dans ce dernier cas la libération du potentiel accumulé.

L'accumulation de ce potentiel s'obtient par le harcèlement permanent :

> *« L'ennemi est-il dispos, je le fatigue ; est-il repu, je l'affame ; est-il à l'arrêt, je le contrains au mouvement. »*
> (Chapitre 6)

Ce modelage vise à pousser l'adversaire à la faute et à créer des opportunités d'exploiter les failles générées. L'opportunité que recherche Sun Tzu ne s'attend cependant pas passivement. Elle se provoque. Idéalement, la perfection serait d'aboutir à façonner l'adversaire tel qu'on le souhaiterait :

« Qui excelle à la guerre <u>dirige les mouvements</u> de l'autre et ne se laisse pas dicter les siens. » (Chapitre 6)

Pour rendre possibles ces actions de harcèlement, la conquête et la préservation de la liberté d'action sont indispensables. Comme nous l'avons vu dans la partie *« Compris et décliné, le système suntzéen est complet et moderne »* (p. 95), le mot d' « initiative » n'est quasiment pas employé dans le traité. Pour autant, l'idée est parfaitement présente :

« Je surgis là où il ne peut m'atteindre, je le frappe à l'improviste. » (Chapitre 6)

« Qui excelle à la guerre dirige les mouvements de l'autre et ne se laisse pas dicter les siens. » (Chapitre 6)

La manœuvre continuelle permet en outre de maintenir l'ennemi dans le doute sur nos intentions, comme vu dans la partie *« Contrer l'adversaire par l'hermétisme et la désinfor-mation »* (p. 133) :

« Le général modifie ses objectifs, bouleverse ses plans et nul ne le devine. Il déplace ses bivouacs, varie ses itinéraires et déjoue toute prévision. [...] Il est comme le berger qui pousse son troupeau tantôt ici, tantôt là, sans que nul ne sache où il va. » (Chapitre 11)

« Quel indescriptible tohu-bohu ! Comme le combat est confus ! et cependant rien ne peut semer le désordre dans leurs rangs. Quel chaos ! quel méli-mélo ! » (Chapitre 5)

Cette confusion dans le combat dont parle Sun Tzu n'est absolument pas due au brouillard de la guerre décrit par Clausewitz ; il s'agit ici au contraire d'une confusion maitrisée, dont le maitre-mot est la manœuvre :

« Le désordre suppose l'ordre. » (Chapitre 5)

« [La guerre] exige que l'on sache se diviser et se regrouper pour produire toutes sortes d'effets de surprise. Une armée

> *doit être preste comme le vent, majestueuse comme la forêt, dévorante comme la flamme, [...] insaisissable comme une ombre.* » (Chapitre 7)

Nous parlons bien là de harcèlement, et pas de bataille rangée : Sun Tzu n'a aucun complexe avec le repli, voire la fuite : pour lui, mieux vaut en effet se sauver et combattre demain plutôt que de subir aujourd'hui une défaite certaine :

> « *Si l'ennemi est fort, évitez-le.* » (Chapitre 1)

> « *Il faut être capable de [...] se dérober à un ennemi qui vous surclasse sur tous les plans.* » (Chapitre 3)

> « *Un bon général évite l'ennemi quand il est d'humeur belliqueuse [...], il n'affronte pas des bannières fièrement déployées ni des bataillons impeccablement ordonnés.* » (Chapitre 7)

Le harcèlement n'est pas la seule technique de modelage. Il est par exemple possible d'appâter l'ennemi pour l'amener où l'on souhaite, le disloquer, ou l'obliger à modifier un dispositif trop fortement établi :

> « *Pour faire bouger l'ennemi, il faut lui manifester sa forme afin qu'il s'y conforme ; il faut lui offrir un sacrifice, afin qu'il le prenne. On l'attire avec un appât et on le reçoit avec des troupes.* » (Chapitre 5)

> « *On attire l'ennemi par la perspective d'un avantage ; on l'écarte par la crainte d'un dommage.* » (Chapitre 6)

Le but est d'empêcher l'adversaire de jouer sa propre manœuvre, de dérouler son plan.

Ne pas laisser l'ennemi dérouler ses plans

Nous verrons plus loin toute l'importance que Sun Tzu accordait à la planification. Un corollaire en est que le meilleur moyen de vaincre l'ennemi est justement de s'attaquer à sa planification.

« *Le mieux, à la guerre, consiste à attaquer les plans de l'ennemi ; ensuite ses alliances ; ensuite ses troupes ; en dernier ses villes.* » (Chapitre 3)

« *Il ne faut pas se bercer de l'espoir [que l'ennemi] n'attaquera pas, mais faire en sorte qu'il ne puisse attaquer.* » (Chapitre 8)

Ce principe donne d'ailleurs son titre au chapitre 3 : « *Combattre l'ennemi dans ses plans* » (en réalité, seul le premier tiers du chapitre regroupe des préceptes relatifs à cette thématique ; à l'instar de l'organisation explosée du traitée, les deux autres tiers sont sans rapport).

« *L'armée de l'habile chef de guerre est semblable au grand serpent du mont Heng, le Chouai-jan : quand on attaque sa tête, on rencontre sa queue ; quand on attaque sa queue, on rencontre sa tête ; quand on attaque son ventre, la tête et la queue se portent à son secours.* » (Chapitre 11)

Ce précepte part du principe qu'il faut chercher à contrecarrer l'ennemi, à l'empêcher d'engager la manœuvre qu'il avait prévue. Il faut pour cela lui couper sa liberté d'action afin d'asphyxier toute possibilité de réaction. Ce procédé exige une grande maitrise de la part de celui qui voudrait le mettre en œuvre. Sun Tzu évoque des temps légendaires, où les généraux savaient parfaitement le manier :

« *Les grands capitaines des temps jadis savaient si bien désorganiser l'ennemi que l'avant-garde et l'arrière-garde ne pouvaient se porter secours, le gros de ses troupes et ses détachements s'épauler, soldats et officiers s'entraider, inférieurs et supérieurs communiquer. Les forces étaient-elles dispersées, ils les empêchaient de se rassembler ; étaient-elles rassemblées, ils leur interdisaient tout mouvement coordonné.* » (Chapitre 11)

Pour ce faire, il est impératif de constamment conserver l'initiative pour ne jamais laisser l'ennemi s'exprimer. C'est par ce façonnage de l'ennemi que l'on sera à même de saisir l'opportunité d'une attaque fatale. Bien entendu, la recherche de renseignement est la base de ce procédé.

Ne pas avoir d'objectifs prédéterminés

Le terme de « modelage » que nous avons utilisé (mais que Sun Tzu n'emploie pas explicitement) nécessite d'être précisé. Il ne correspond en effet pas à l'appellation OTANienne contemporaine de « shaping » : cette dernière présuppose que l'on a déjà défini l'objectif tactique que l'on souhaite atteindre, et que l'on se livre ensuite, pour maximiser les chances d'atteindre cet objectif, au « modelage » sur l'ennemi, l'environnement, le champ de bataille, soi-même, etc. Chez Sun Tzu, au contraire, l'objectif sur lequel porter l'effort n'est pas a priori connu : il dépendra uniquement de l'opportunité que nous offrira l'adversaire.

> *« L'invincibilité dépend de soi, la vulnérabilité de l'autre. En effet, si un habile guerrier peut forger son invincibilité, la vulnérabilité de l'ennemi est indépendante de sa volonté. »* (Chapitre 4)

Le modelage n'est là que pour favoriser la survenue rapide de ces opportunités. Pour reprendre l'image du boxeur, le shaping OTANien s'est donné en planification comme centre de gravité la tempe de l'adversaire, et le combattant va tout faire pour atteindre ce point (leurrer l'adversaire sur l'objectif, se placer en bonne position pour décocher un crochet, etc.). Sun Tzu au contraire préconise plutôt d'agir conformément à la devise du boxeur Mohamed Ali : « Voler comme un papillon et piquer comme une abeille ». Tournoyer sans cesse autour de l'ennemi, le harceler de petits coups pour ne lui laisser aucun répit, et attendre une ouverture pour lui asséner un coup mortel ; peu importe où il sera, dans la mesure où la garde adverse sera suffisamment béante pour permettre de frapper avec une puissance maximum.

Cette démarche d'adaptation va bien au-delà de ce à quoi s'emploient les actuelles cellules « conduite » en état-major, qui ne cherchent qu'à remettre dans le droit chemin de la planification prévue lorsque survient un écart par rapport au scénario envisagé. Elle correspond un peu plus au concept français d' « effet majeur », concept qui peut cependant rapidement se retrouver étouffé par les tâches, idées de manœuvre, phases et autres « rôles des unités de manœuvre » qui enrichissent les ordres modernes. En fait, cette démarche se rapproche surtout de l'esprit de l'*auftragstaktik* allemande, le commandement par objectifs. L'armée de l'Air également, avec une manœuvre planifiée jusque dans les moindres détails lorsqu'il s'agit d'attaque au sol et une très grande liberté d'action lorsqu'il s'agit de défense aérienne, connait aussi bien la différence entre ces deux modes opératoires.

Il est évidemment nécessaire que la réponse trouvée par le général s'avère appropriée. Cela semble aller de soi, mais constitue bel et bien une autre qualité requise du général : l'intelligence de la situation, la pertinence de la réponse à apporter, bref le génie militaire. Le tout, bien sûr, chapeauté par une nécessaire constance dans l'objectif à atteindre (la victoire).

L'idée de laisser l'ennemi dans l'incertitude a très souvent été présente chez les grands chefs militaires, sans qu'ils y mettent chaque fois un nom et encore moins qu'ils le gravent formellement dans leur doctrine. Pour Sun Tzu, cette idée est fondamentale. Tout *L'Art de la guerre* analyse en effet l'action tactique en termes d'opportunités. Une des caractéristiques du stratège chinois, par rapport à la plupart des théoriciens de la guerre qui souhaiteraient faire de cette dernière une science plutôt qu'un art, est que la manœuvre amie est relativement imprévisible puisqu'elle est essentiellement une réaction :

> *« Les grands capitaines des temps jadis [...] savaient entreprendre une action sitôt qu'elle était opportune et y renoncer dès lors qu'elle ne présentait pas d'avantage. »*
> (Chapitre 11)

... réactivité qui nécessite donc d'être constamment en capacité de remettre en question les plans :

« On doit toujours peser ses décisions en fonction de l'opportunité des circonstances. » (Chapitre 7)

Saisir les opportunités

Si, de nos jours, les opérations spéciales sont relativement familières avec l'idée d'action fulgurante pour exploiter une opportunité qui se présente, le procédé n'est en revanche pas usuel pour les troupes conventionnelles. Notre façon contemporaine occidentale de faire la guerre considère en effet que le but de notre action est d'atteindre l'objectif militaire que nous nous sommes fixé (le centre de gravité de l'ennemi). La différence de concept est véritablement fondamentale.

Étant toujours en réaction, le boxeur qui nous sert d'illustration n'aura pas la capacité de présenter la liste chronologique des coups qu'il va porter ; mais peu importe : il devra juste avoir bien étudié la façon de combattre de son adversaire pour correctement interpréter les indices sur ses intentions – indices remontés par le renseignement – et s'être entrainé pour être le plus manœuvrier et réactif possible.

Cette manœuvre en réaction dépasse largement le simple cadre du coup fatal à donner à l'adversaire : elle s'applique à tous les évènements de la bataille. Sun Tzu a parfaitement conscience que l'exécution de tout plan est soumise à nombre d'aléas, qu'ils soient climatiques ou géographiques, ou qu'ils soient dus à une mauvaise intuition de ce qu'allait entreprendre l'adversaire. Le stratège chinois cherche à minimiser le brouillard de la guerre par le renseignement, mais admet à demi-mot que les frictions demeurent possibles. Pour tenter d'obtenir la maitrise sur ces facteurs, le général doit donc en comprendre la logique et s'y adapter. Ainsi, Sun Tzu décortique cette réactivité en quatre qualités primaires : le coup d'œil tactique, l'intelligence, la rapidité et la manœuvrabilité.

La première de ces qualités est donc le coup d'œil tactique, c'est-à-dire la parfaite conscience du bon moment :

« *Le grand chef de guerre [...] ne laisse jamais passer l'occasion de la victoire.* » (Chapitre 4)

Ensuite, le chef doit disposer de l'intelligence de la réponse à apporter. Rien ne sert en effet de réagir vite si c'est pour réagir mal :

« *Les grands capitaines des temps jadis [...] savaient entreprendre une action sitôt qu'elle était opportune <u>et y renoncer</u> dès lors qu'elle ne présentait pas d'avantage.* » (Chapitre 11)

« *Il n'est rien de plus funeste que de remporter des victoires et de conquérir des provinces dont on ne sait pas exploiter les fruits ; c'est un gaspillage inutile de forces. C'est pourquoi il est dit : "Le souverain avisé projette la victoire, le bon général l'exploite."* » (Chapitre 12)

En troisième lieu vient, bien sûr, la rapidité de la réponse :

« *À la guerre, tout est affaire de rapidité.* » (Chapitre 11)

Rapidité, et même foudroyance :

« *Une armée [...] frappe avec la soudaineté de la foudre.* » (Chapitre 7)

« *L'oiseau de proie parvient à briser les reins de sa victime quand il frappe en raison de sa prestesse. Le grand général allie une formidable puissance à une extrême prestesse. Il possède la puissance de l'arbalète bandée et la prestesse de la gâchette.* » (Chapitre 5)

Cette foudroyance repose sur l'effet de surprise :

« *Attaquez là où il ne vous attend pas ; surgissez toujours à l'improviste.* » (Chapitre 1)

Mais la surprise n'est pas tout. Pour produire l'effet de foudroyance, elle doit en effet se combiner à la sidération, qui paralyse l'adversaire par la rapidité des changements et le déferlement de puissance, l'empêchant ainsi de reprendre ses esprits et de réagir à l'attaque :

> *« Celui qui affronte un ennemi qui n'est pas préparé remportera la victoire. »* (Chapitre 3)

Rapidité nécessaire tant dans la prise de décision que dans la réalisation. Pour cela, il est indispensable de maitriser le quatrième facteur, à savoir la capacité à mener cette réaction : la manœuvrabilité.

Être souple, félin et manœuvrier

Une idée bien décrite par Sun Tzu pour expliciter l'injonction de saisie systématique des opportunités est l'image du « vide et du plein » :

> *« [Le parfait chef de guerre] s'avance sans que l'autre puisse le contrer, car il s'insinue dans ses vides. »* (Chapitre 6)

C'est de cette notion (qui donne d'ailleurs son titre au chapitre 6) que viendra la victoire :

> *« La connaissance du vide et du plein leur confère, au point d'impact, la puissance d'une meule écrasant un œuf. »* (Chapitre 5)

Le premier procédé permettant d'atteindre cette évanescence est la dilution des troupes. De façon relativement moderne pour son époque, Sun Tzu ne voyait en effet pas l'armée comme un bloc unique :

> *« Une formation militaire atteint au faîte ultime quand elle cesse d'avoir forme. Sitôt qu'une armée ne présente pas de forme visible, elle échappe à la surveillance des meilleurs espions et déjoue les calculs des généraux les plus sagaces. »* (Chapitre 6)

« *Si l'on commande à l'ensemble de l'armée de faire mouvement afin de disputer un avantage, elle risque fort d'arriver trop tard.* » (Chapitre 7)

L'image de l'eau est de fait particulièrement adaptée : s'écoulant des hauteurs, elle peut être considérée comme une transposition verticale d'une situation horizontale : l'armée avance, et dès qu'elle rencontre une résistance (un cratère, un tronc d'arbre), elle attend. Si une faille se présente, ou si son état de préparation (remplissage) devient suffisant, elle peut à ce moment-là tomber plus bas :

« *La forme d'une armée est identique à l'eau. L'eau fuit le haut pour se précipiter vers le bas, une armée évite les points forts pour attaquer les points faibles ; l'eau forme son cours en épousant les accidents du terrain, une armée construit sa victoire en s'appuyant sur les mouvements de l'adversaire. Une armée n'a pas de dispositif rigide, pas plus que l'eau n'a de forme fixe.* » (Chapitre 6)

L'eau évoque la fluidité d'une bonne armée qui saurait s'adapter à toutes les évolutions de situation et répondre à chaque initiative de l'adversaire. Le général doit dès lors s'adapter aux mouvements de l'ennemi : il n'a pas de dispositions constantes, de même que l'eau n'a pas de forme fixe ; elle n'est que ce que fait d'elle le contexte qui l'accueille ou la recueille. Il est dans la nature de l'eau d'éviter les élévations de terrain, de les contourner pour se couler dans les dépressions ; ainsi en est-il, pour Sun Tzu, d'une troupe qui doit s'employer à éviter les points forts pour attaquer les points faibles de l'adversaire.

Nous avons probablement là une des plus grandes spécificités de *L'Art de la guerre* : Sun Tzu enjoint de pas rechercher les points durs, mais au contraire de passer par les faiblesses du dispositif adverse :

« *Si des troupes peuvent parcourir mille lieues tout en restant fraîches et disposes, c'est qu'elles ne rencontrent pas d'ennemi sur leur chemin. Qui emporte toutes les places*

qu'il attaque investit des villes qui ne sont pas défendues. »
(Chapitre 6)

Un procédé pour accroitre la manœuvrabilité est celui décrit par les termes de forces « régulières » et forces « extraordinaires ». Notions essentielles du système suntzéen, elles sont traitées exclusivement dans le chapitre 5 :

> *« En règle générale, on use des moyens réguliers au moment de l'engagement ; on recourt aux moyens extraordinaires pour emporter la victoire. »* (Chapitre 5)

Le concept de « forces extraordinaires » peut revêtir de multiples formes, comme les forces spéciales, capables d'agir différemment des troupes conventionnelles, ou comme les réserves, capables de se projeter immédiatement sur tout point du champ de bataille où se présenterait une opportunité. Mais si la compréhension la plus immédiate et naturelle assigne les forces régulières au combat « conventionnel » et les forces extraordinaires aux combats de guérilla, nous pouvons observer que Sun Tzu se refuse à définir et donc à figer les fonctions de ces deux types de forces. Peut-être parce que cela est évident pour lui, mais peut-être également parce qu'elles peuvent en réalité très bien se transformer l'une en l'autre : c'est par sa fonction et non par sa nature qu'une force serait alors considérée comme normale ou extraordinaire :

> *« Qui sait user des moyens extraordinaires est infini comme le Ciel et la Terre, inépuisable comme l'eau des grands fleuves. Il est le Soleil et la Lune qui disparaissent et réapparaissent tour à tour, il est le cycle des saisons qui expirent et renaissent en une ronde sans fin ! Bien qu'il n'y ait que cinq notes, cinq couleurs et cinq saveurs fondamentales, ni l'ouïe, ni l'œil, ni le palais ne peuvent en épuiser les infinies combinaisons. De même, bien que le dispositif stratégique se résume aux deux forces, régulières et extraordinaires, elles engendrent des combinaisons si variées que l'esprit humain est incapable de les embrasser toutes. Elles se produisent l'une l'autre pour former un*

anneau qui n'a ni fin ni commencement. Qui donc pourrait en faire le tour ? » (Chapitre 5)

À noter que les forces extraordinaires ne sont pas cantonnées à un usage offensif :

> *« L'usage judicieux des forces régulières et extraordinaires permet aux combattants d'une armée de supporter le choc adverse sans se débander. »* (Chapitre 5)

Une parfaite application réside par exemple dans le détournement de l'attention de l'adversaire lorsque ce dernier nous attaque :

> *« Si on me demande : « Que doit-on faire au cas où l'ennemi fond sur vous avec des troupes nombreuses et en bon ordre ? » je répondrai « Il suffit d'attaquer ce à quoi il tient, pour qu'il vous mange dans la main. »* (Chapitre 11)

Cela suppose que le général dispose de l'agilité d'esprit et de l'humilité suffisantes pour ne jamais s'entêter dans une manœuvre qu'il a arrêtée à un instant donné ; qu'il ait toujours la force d'être en réaction ; qu'il n'ait jamais de faiblesse qui lui ferait subir la manœuvre de l'adversaire ; qu'il soit sans cesse à l'écoute, aux aguets, sur le qui-vive, attentif à un besoin de réajustement ou de reconstruction totale de sa manœuvre. Rappelons qu'il ne s'agit pas là d'une réactivité passive, où l'on serait attentiste à la manœuvre de l'adversaire, mais d'une réactivité active, où l'on « travaille » l'autre pour l'amener à commettre des fautes, à présenter des ouvertures, à se relâcher ; et nous à l'exploiter.

La guérilla comme consécration du système suntzéen ?

La notion de *L'Art de la guerre* probablement la plus délicate à mettre en application est celle relative à l'absence de forme. La guérilla pourrait en être une application parfaite. Comment en effet ne pas lire ce procédé dans une maxime telle que :

> *« S'il ne sait où je vais porter l'offensive, l'ennemi est obligé de se défendre sur tous les fronts. Alors qu'il a éparpillé ses*

forces en de multiples points, je concentre les miennes sur quelques-uns, de sorte que je ne rencontre jamais que de faibles troupes. » (Chapitre 6)

Pourtant, *L'Art de la guerre* n'a absolument pas été conçu pour ce contexte d'emploi ! En effet, Sun Tzu a écrit du temps des Royaumes combattants, dans l'optique d'une guerre symétrique entre plusieurs États qu'il fallait au bout du compte dominer et en aucun cas détruire. C'est pourquoi un précepte fondamental comme « *Jamais il n'est arrivé qu'un pays ait pu tirer profit d'une guerre prolongée* » (chapitre 2) est à l'exact opposé des procédés en œuvre dans un contexte de guérilla, où l'une des principales stratégies est justement l'enlisement de l'adversaire. Ou alors, il faudrait faire dire au précepte qu'il ne s'adresse qu'aux entités étatiques, et pas aux simples armées. Certes, sur le plan tactique, la rapidité du coup de main est essentielle ; mais il ne faut pas faire mentir Sun Tzu : le précepte concernait bien là un niveau stratégique.

Aucune armée à travers l'Histoire n'a réellement mis en œuvre le système suntzéen. Pas même en Chine. Dès lors, la guérilla pourrait paradoxalement être la forme la plus applicable de la pensée de Sun Tzu.

Alors : la guérilla est-elle suntzéenne ? « Non » sur le plan de la stricte orthodoxie, mais en grande partie « oui » sur le plan pratique.

L'essaim, forme ultime de combat prôné par *L'Art de la guerre* ?

Si nous cherchons à aller jusqu'au bout de cette notion d'absence de forme, le procédé ultime pourrait être le combat en essaim.

Dans ce type de combat, l'armée doit être décomposée en petites unités jouissant d'une grande autonomie. Ces petites unités peuvent non seulement appliquer individuellement des coups chirurgicaux d'opportunité, mais doivent également être capables, sur ordre, de se rassembler, de s'agréger, de s'insérer ou de se fondre dans une unité de plus grand volume créée *ad hoc* et de façon éphémère. Cette méta-unité pourra alors frapper fort à un endroit précis ; puis chaque unité élémentaire pourra reprendre son autonomie jusqu'à nouvel ordre.

Ce procédé d'essaim est extrêmement difficile à mettre en œuvre. Il nécessite, sous son apparent chaos, des troupes paradoxalement très disciplinées et surtout particulièrement entraînées. Capables d'une grande autonomie couplée à une extrême réactivité, l'entraînement collectif leur est en outre indispensable pour leur permettre de se regrouper très rapidement sur ordre et sous des configurations chaque fois différentes.

Considérées sous cet angle, les notions de forces ordinaires et extraordinaires pourraient même prendre un nouvel éclairage : la force ordinaire serait l'essaim, celle extraordinaire le raid des éléments qui se concentreraient sur un point précis. Il n'y aurait pas de troupes différentes pour armer chacune des deux forces : chaque élément en temps normal « ordinaire » pouvant temporairement devenir « extraordinaire ».

Encore plus que pour le combat de guérilla, il est certain que ce type d'affrontement n'était pas envisagé par Sun Tzu. Non parce qu'il aurait été trop anachronique (l'Histoire comprend plusieurs exemples de cette décentralisation extrême de l'initiative, et ce dès l'Antiquité[76]) mais parce que cette idée, totalement révolutionnaire pour les Royaumes Combattants, n'est pas explicitée plus clairement dans le traité alors qu'elle aurait justement nécessité plus de clarification si elle était bien celle à laquelle songeait Sun Tzu. En outre, aucun des nombreux commentateurs historiques de *L'Art de la guerre* n'a apporté un tel éclairage au traité.

Toutefois, si nous sommes prêts à pousser un peu l'adaptation du système suntzéen à la modernité de la guerre, les maximes

---

[76] On pourra par exemple se rapporter aux campagnes d'Asie centrale, de 329 à 327 av. J.-C. opposant les Scythes aux Macédoniens, ou à la bataille de Carrhes faisant s'affronter Parthes et Romains en 53 av. J.-C.

paraissent dès lors lumineuses lorsque relues comme des recommandations qui prôneraient le combat en essaim :

> *« C'est pourquoi une armée doit être [...] majestueuse comme la forêt, dévorante comme la flamme, [...] insaisissable comme une ombre. »* (Chapitre 7)

> *« Infiniment mystérieux, il occulte toute forme ; suprêmement divin, il ne laisse échapper aucun bruit : c'est ainsi que le parfait chef de guerre se rend maître du destin de l'adversaire. »* (Chapitre 6)

> *« Une formation militaire atteint au faîte ultime quand elle cesse d'avoir forme. Sitôt qu'une armée ne présente pas de forme visible, elle échappe à la surveillance des meilleurs espions et déjoue les calculs des généraux les plus sagaces. »* (Chapitre 6)

Cette notion de forme s'entend chez Sun Tzu comme la disposition des troupes, rigide (en ligne, en arc de cercle, en triangle pointe en avant, ...), laissant déduire de sa simple observation le type de manœuvre choisie. Son absence – une disposition vaporeuse ou en constante mutation – serait de fait indéchiffrable.

La quintessence de la manœuvre réside donc dans la totale fluidité, évoquée précédemment :

> *« La forme d'une armée est identique à l'eau. L'eau fuit le haut pour se précipiter vers le bas, une armée évite les points forts pour attaquer les points faibles ; l'eau forme son cours en épousant les accidents du terrain, une armée construit sa victoire en s'appuyant sur les mouvements de l'adversaire. Une armée n'a pas de dispositif rigide, pas plus que l'eau n'a de forme fixe. »* (Chapitre 6)

Si le combat en essaim est un concept bien présent dans la théorie guerrière contemporaine, explicitement nommé, il peut se décliner sous plusieurs formes (notamment la « kill box » qui, au sein d'un espace défini et connu de tous, autorise chacun à détruire tout ennemi identifié). Cependant, la capacité de reconstitution en supra-unité n'a, à notre connaissance, jamais été jouée dans l'Histoire. Le combat en essaim tel que pensé actuellement ne consiste d'ailleurs qu'en l'utilisation de toutes petites unités afin de saturer l'ennemi d'informations.

> « *Je l'oblige à dévoiler ses formations sans jamais trahir ma forme.* » (Chapitre 6)

Lorsque la bataille s'en trouve à la phase d'entremêlement des armées, le général doit toujours pouvoir conserver le commandement sur ses troupes et voir ses ordres en cours d'action exécutés :

> « *Quel indescriptible tohu-bohu ! Comme le combat est confus ! et cependant rien ne peut semer le désordre dans leurs rangs. Quel chaos ! quel méli-mélo ! ils sont repliés sur eux-mêmes comme une boule, et pourtant nul ne peut venir à bout de leur disposition. Le désordre suppose l'ordre [...]* » (Chapitre 5)

Notons qu'à la lecture du combat en essaim, un passage qui nous paraissait délicat à prendre au pied de la lettre se trouve éclairé :

> « *Il incombe [au général] d'obstruer les yeux et les oreilles de ses hommes pour les tenir dans l'ignorance.* » (Chapitre 11)

La première des hypothèses que nous avions formulée dans la partie « *Le besoin de vision globale* » (p. 91) pour éclairer cette maxime se confirmerait : si l'ennemi capture une petite unité, ce qui est beaucoup plus facile à réaliser qu'une troupe importante, il ne pourra rien en tirer car cet élément n'aura réellement aucune connaissance des intentions globales du général.

Signalons pour finir que la planification, apparemment opposée au caractère imprévisible et en réaction du combat en essaim, demeure bien cohérente et nécessaire, en permettant d'identifier

préalablement les faiblesses de l'adversaire et déterminer comment
les atteindre dans la durée.

Les procédés secondaires

Au travers des deux grandes thématiques précédentes, « *Acquérir la supériorité informationnelle* » et « *Manœuvrer sans cesse pour saisir les opportunités* », nous avons identifié plusieurs procédés constitutifs du système suntzéen : prise rapide de décision, hardiesse, recherche d'une sidération de l'adversaire, etc. D'autres procédés, tout aussi fondamentaux, ne peuvent être directement raccrochés à ces deux grandes thématiques sous lesquelles nous avons choisi de proposer cette lecture de *L'Art de la guerre*. Cette partie a pour but de présenter ces procédés « orphelins ».

Se positionner

Pour importante qu'elle soit, la qualité guerrière des soldats ou la quantité de troupes à disposition ne sont pas, aux yeux de Sun Tzu, des facteurs déterminants de la victoire :

> « *À la guerre, le nombre n'est pas un facteur décisif et les hauts faits d'armes peuvent s'avérer néfastes.* » (Chapitre 9)

> « *L'habile homme de guerre s'appuie sur la position stratégique et non sur des qualités personnelles.* » (Chapitre 5)

Remarquons que si la qualité guerrière des soldats et la quantité de troupes sont bien prises en compte dans la réflexion de Sun Tzu, la question de l'équipement des soldats (et, de fait, la supériorité technologique) n'est, elle, pas explicitement évoquée.

Ces paramètres peuvent être supplantés par des « avantages stratégiques » :

> « *Quand, sans avantage stratégique, on combat à un contre dix, il y aura fuite.* » (Chapitre 10)

Ces avantages sont des multiplicateurs d'efficacité. L'un d'eux est la disposition des troupes :

« *Carrées, [pierres et bûches sur une pente] s'arrêteront ; rondes, elles poursuivront leur course.* » (Chapitre 5)

Nous ne reviendrons pas sur la configuration suprême, l'absence de forme, évoquée au chapitre précédent.

Le lieu de stationnement des troupes est également un facteur déterminant. Ne pas tenir compte du terrain reviendrait en effet à élaborer un plan de bataille « hors sol » :

> « *Les soldats de celui qui sait profiter de la position stratégique sont comme des billes de bois ou des pierres qui dévalent. C'est une loi de la physique que pierres et bûches, immobiles sur un terrain plat, ont tendance à rouler sur une pente.* » (Chapitre 5)

Rappelons qu'une grande partie de *L'Art de la guerre* est consacrée à l'étude du terrain et aux conseils de positionnement en fonction de ce dernier :

> « *L'art de la guerre déconseille formellement de planter ses quartiers face à un lieu élevé ou de prendre position devant un ennemi qui s'adosse à une éminence.* » (Chapitre 7)

> « *Le bon général ne s'attarde pas en terrain isolé, monte des plans là où il risque l'encerclement et livre combat sur les terres mortelles.* » (Chapitre 8)

> « *Quand on traverse une région coupée de marécages, on hâte le pas et s'en éloigne au plus vite. Néanmoins, s'il vous faut y affronter l'ennemi, il convient alors de se tenir à proximité des herbes aquatiques, dos à la forêt.* » (Chapitre 9)

> « *En terrain resserré, si l'on est le premier à occuper les lieux, on bloque tous les passages et on attend l'adversaire de pied ferme ; mais si celui-ci m'a devancé et tient tous les accès, je renonce à le suivre ; en revanche, s'il ne les a*

qu'imparfaitement pourvus, je puis m'y risquer. » (Chapitre 10)

« C'est pourquoi évitez de combattre en terrain de dispersion ; ne vous arrêtez pas sur une terre de négligence ; n'attaquez pas en terre de confrontation ; ne vous laissez pas isoler en terre de rencontre ; faites votre jonction en terrain de communication ; pillez en terrain de diligence ; passez votre chemin en terrain de piège ; montez des plans en terrain d'encerclement ; livrez bataille en terrain d'anéantissement. » (Chapitre 11)

Si le contenu strict de ces propos est indubitablement daté, le principe général de la nécessité d'étudier le terrain demeure en revanche parfaitement d'actualité.

In fine, la combinaison de ces deux facteurs de placement – disposition et positionnement – est pour Sun Tzu un formidable multiplicateur d'efficacité :

« Celui qui sait employer ses hommes au combat leur insuffle la puissance de pierres rondes dévalant les pentes abruptes d'une montagne haute de dix mille pieds. Telle est l'efficacité de la configuration stratégique. » (Chapitre 5)

L'image de l'eau, déjà utilisée pour exhorter à la fluidité de la manœuvre, est une nouvelle fois mise à contribution pour illustrer l'idée d'avantage stratégique lié au positionnement. L'eau dispose en effet d'une formidable capacité de choc lorsque lâchée de haut :

« Une armée victorieuse est comme un poids d'une livre face à une once, une armée vaincue est une once face à une livre. Si les soldats d'une troupe victorieuse ont la puissance d'une chute d'eau tombant d'une hauteur de mille toises, ils la doivent à l'effet de leurs formations. » (Chapitre 4)

En outre, à la faveur d'une forte déclivité (et donc là encore d'un bon positionnement), la seule eau s'avère capable de charrier des matériaux particulièrement lourds ce qui, transposé à la chose militaire, conduit à dire qu'une très petite troupe serait toujours à même de vaincre une armée pour peu qu'on sache la positionner au bon endroit :

> « *L'eau rapide du torrent arrive à rouler des galets en raison de sa puissance.* » (Chapitre 5)

Pour Sun Tzu, l'efficacité consiste dès lors à s'appuyer sur un potentiel de situation : si l'on conduit ses troupes dans une position sans possibilité de repli, cela induira un comportement de courage ; c'est la situation qui contient l'effet. Il convient donc moins d'imposer un effet que de le laisser s'imposer, c'est-à-dire agir en amont d'un processus, de telle sorte que l'effet en découle naturellement. L'art du stratège consiste ainsi à tirer le maximum d'effet par un travail de configuration des situations, comme l'eau tire sa puissance du fait de la gravité.

L'importance du positionnement est à cet égard flagrante dans le cas du combat de guérilla, où les embuscades de quelques partisans peuvent venir à bout d'une manœuvre adverse dotée d'unités conventionnelles très supérieures en nombre et en qualité d'équipement.

Rappelons pour finir que ce « façonnage du champ de bataille » consiste non seulement à choisir ses emplacements, mais également à décider du moment météorologique qui nous sera le plus favorable :

> « *Qui connaît l'autre et se connaît ne sera point défait ; qui connaît Ciel et Terre volera de victoire en victoire.* » (Chapitre 10)

Planifier

Se mettre en état de réagir à une opportunité ne signifie pour autant pas qu'il n'y ait qu'à attendre l'action de l'adversaire avant de lancer son propre processus de décision :

> « *Une armée est victorieuse si elle cherche à vaincre avant de combattre ; elle est vaincue si elle cherche à combattre avant de vaincre.* » (Chapitre 4)

Pour être capable de réagir immédiatement aux frictions du champ de bataille ou à une manœuvre ennemie surprenante, il est nécessaire de gagner des délais en ayant au préalable réfléchi et planifié un maximum de scénarios possibles afin que, le moment venu, même si l'adversaire n'agit pas exactement selon un des modes d'action envisagés, tout le processus de réflexion ait déjà été amorcé. À ce titre, Sun Tzu parsème son traité de recommandations visant à envisager tous les cas possibles, tel :

> « *Si [l'adversaire] se concentre, défendez-vous ; s'il est fort, évitez-le.* » (Chapitre 1).

...tout en gardant à l'esprit qu'il ne peut y avoir de réaction strictement mécanique : il faudra toujours recréer une solution adaptée au nouveau problème qui se pose :

> « *C'est ainsi qu'un général ne cherche pas à rééditer ses exploits, mais s'emploie à répondre par son dispositif à l'infinie variété des circonstances.* » (Chapitre 6)

Quoi qu'il en soit, la réactivité présente deux facettes : celle où l'on est réellement surpris, et celle où l'on a anticipé le grain de sable. Même si Sun Tzu ne l'explicite pas clairement, inutile de préciser celle qui a sa préférence...

Une notion intéressante introduite par Sun Tzu est dès lors celle de la multiplicité des objectifs potentiels :

> « *S'il ne sait où je vais porter l'offensive, l'ennemi est obligé de se défendre sur tous les fronts. Alors qu'il a éparpillé ses forces en de multiples points, je concentre les miennes sur quelques-uns, de sorte que je ne rencontre jamais que de faibles troupes.* » (Chapitre 6)

Le stratège chinois ne se fixe pas a priori d'objectif concret comme la prise de la capitale ou la capture du général adverse, car il considère que la victoire résultera d'une opportunité.

Pour autant, il est possible d'étudier différentes cibles (des centres de gravité) dont la prise serait fatale à l'adversaire. Cette notion n'a rien de désuet, comme l'ont prouvé les Soviétiques qui l'avaient érigé en principe d'action[77]. On pourrait qualifier cette méthode de « mode d'action retardé ». C'est exactement ce que préconise Sun Tzu :

> « *Combinez vos plans en fonction des mouvements de l'ennemi et décidez <u>alors</u> du lieu et du moment de la bataille décisive.* » (Chapitre 11)

Comme l'a fait observer le stratégiste britannique B. H. Liddell Hart : « Le véritable objet de la stratégie consiste à entamer les possibilités de résistance de l'ennemi. D'où cet axiome : afin de

---

[77] La doctrine soviétique prévoyait de ne pas s'en remettre à un unique mode d'action (MA) choisi par le chef avant l'engagement et qui aurait fait l'objet d'une planification précise, mais à trois ou quatre, dont un serait choisi en cours d'action. Durant le processus de planification, les unités recevaient toutes les informations nécessaires (mission générale, structures, intention du chef, description rapide des MA envisagés, rôle succinct de chacun dans le cadre de chaque MA et points clés qui permettraient de différencier les MA, etc.). Les MA étaient choisis de manière à avoir un tronc commun initial et certains pouvaient être répétés avant le début de l'action. Le choix s'effectuait ensuite en fonction de l'attitude de l'ennemi. Celle-ci était d'abord déterminée par les moyens de renseignement disponibles puis influencée par l'action de la compagnie d'avant-garde qui exploitait les opportunités décelées par les éléments de reconnaissance ou qui avaient été créées par les éléments infiltrés. Le choix définitif du MA s'effectuait à ce moment-là et consistait généralement, là aussi, à exploiter une opportunité créée par les éléments de tête. Ce système privilégiait considérablement la vitesse et l'opportunisme sur la coordination, qui se faisait suivant des procédures automatiques ou suivant des arrangements rapides entre personnes qui se connaissaient bien.

Références : David Haines, *The military decision-making process: applying the OPFOR's approach*, in *Armor*, mai-juin 2001, pp. 30 à 34 (cité par Michel Goya, *Des électrons et des hommes*, *Cahier de la recherche doctrinale*, 2005, p. 40).

conquérir un objectif bien précis, il faut se fixer plusieurs objectifs de rechange. Une attaque visant un point ne doit le menacer qu'en étant capable de diverger sur un autre. Ainsi, grâce à cette souplesse dans le choix du but, le stratège peut atténuer le caractère aléatoire de l'action de guerre. »[78]

L'évocation des « calculs » auxquels le général doit se livrer est récurrente pour déterminer si une bataille peut être engagée ou pas. Le général doit ainsi se poser une série de questions pour estimer précisément le rapport de forces et en déduire le type de combat à entreprendre :

> *« Le général qui se fie à mes calculs sera nécessairement victorieux : il faut se l'attacher ; le général qui se refuse à les entendre sera régulièrement défait : il faut s'en séparer ! »* (Chapitre 1)

> *« La victoire est certaine quand les supputations élaborées dans le temple ancestral[79] avant l'ouverture des hostilités donnent un avantage dans la plupart des domaines ; dans le cas contraire, si on ne l'emporte que dans quelques-uns, on va au-devant d'une défaite. »* (Chapitre 1)

Bien que cela ne soit pas clairement signifié dans *L'Art de la guerre*, nous pouvons déduire des propos de Sun Tzu que la planification pourrait être la clé d'une victoire sans effusion de sang : face à l'inéluctabilité de sa défaite, observée par le déploiement des troupes et la compréhension que la bataille ne peut que finir mal pour lui, le général adverse agissant rationnellement n'aurait en effet d'autre issue logique que de jeter l'éponge.

Sun Tzu n'envisage probablement pas que cette situation puisse être dissuasive par la seule communication des plans à l'adversaire qui, réaliste, en viendrait à la reddition spontanée. Une

---

[78] B. H. Liddell Hart, *Histoire mondiale de la stratégie*, éditions Plon, 1962, p. 248.

[79] La référence au temple ne sert pas ici pour évoquer la religion mais est le lieu du conseil de guerre.

démonstration de force préalable sera certainement nécessaire. S'il n'a pas face à lui des effectifs alignés suffisants, équipés et entraînés, déployés et prêts à l'engagement, l'ennemi pourra toujours soupçonner une tentative de tromperie (rappelons qu'il dispose lui aussi d'espions qui lui rapporteraient fatalement une éventuelle mise en scène). Nous pourrions aujourd'hui reprocher l'idéalisme de cette « soumission de l'ennemi sans croiser le fer » en relevant qu'il parait peu probable qu'un dirigeant décidé à recourir à la guerre, ayant préparé et galvanisé sa population à cette extrémité, puisse brusquement reconnaitre son erreur et accepter l'humiliation d'une reddition ; pourtant, les démonstrations de force, les défilés militaires, les grandes manœuvres et autres « gesticulations » en temps de crise, voire la transmission pure et simple des plans de bataille[80], sont autant de tentatives de dissuader l'adversaire d'aller au contact.

Corollaire de ce pouvoir accordé à la planification : un des piliers du système suntzéen consiste à attaquer prioritairement la planification ennemie (comme nous l'avons détaillé dans la partie « *Ne pas laisser l'ennemi dérouler ses plans* », p. 139).

> « *Le mieux, à la guerre, consiste à attaquer les plans de l'ennemi ; ensuite ses alliances ; ensuite ses troupes ; en dernier ses villes.* » (Chapitre 3)

Recourir à la ruse

Une des conséquences du principe selon lequel « tous les moyens sont bons pour remporter la victoire » (développée p. 115) est la possibilité du recours à la ruse. L'idée majeure qui parcourt l'ensemble du traité, et où la plupart des préceptes de Sun Tzu

---

[80] On pourra par exemple citer l'année 1991 où, avant le début des hostilités de la première guerre du Golfe, les Américains avaient fait parvenir au dirigeant irakien Saddam Hussein une disquette où figuraient tous les scénarios d'engagement possibles et les manœuvres américaines planifiées en réponse à chaque action irakienne concevable. Ils espéraient ainsi obtenir une reddition immédiate du président irakien mis en face de l'inéluctabilité de sa défaite. Cette tentative n'eut aucun effet...

peuvent trouver leur source, est en effet la suprématie de la duperie :

> « *La guerre repose sur le mensonge.* » (Chapitre 1)

> « *La guerre a le mensonge pour fondement et le profit pour ressort.* » (Chapitre 7)

Les possibilités de duper l'adversaire sont multiples. Il est tout d'abord possible de le désinformer :

> « *Proche semblez donc loin, loin semblez donc proche. Avide d'un avantage, appâtez-le.* » (Chapitre 1)

> « *La tâche d'un bon militaire consiste à feindre de se conformer aux desseins de l'ennemi.* » (Chapitre 11)

La technique la plus fréquemment évoquée par Sun Tzu est, dans ce cas, la simulation de la faiblesse :

> « *Capable, passez pour incapable. Prêt au combat, ne le laissez pas voir.* » (Chapitre 1)

> « *Vous vous présentez d'abord comme une vierge timide, l'ennemi ouvre sa porte, alors, rapide comme le lièvre, vous ne lui laissez pas le temps de la refermer.* » (Chapitre 11)

Si les Chinois ont, sur toute leur histoire, eu un rapport à la ruse globalement plus décomplexé que les Occidentaux, cela n'a pas empêché une partie des courants philosophiques chinois de la condamner[81]. Ces préceptes de Sun Tzu n'ont donc rien d'évident.

---

[81] De manière emblématique, nous pouvons citer le confucianisme qui condamnait farouchement l'usage du mensonge, même restreint à la guerre : la « fourberie » était dénoncée comme indigne de « l'honnête homme » et du bon souverain. L'usage de la Vertu devait permettre d'en faire l'économie : le prince véritablement sage pouvait, selon les confucéens, soumettre tous les peuples par le seul exemple qu'il donnait de la charité et de la justice, subjuguant ses adversaires sans verser une goutte de sang. Cela explique d'ailleurs pourquoi le livre des *36 stratagèmes*, entièrement consacré aux ruses, fut condamné par les lettrés confucianistes pour son amoralisme.

Il en a d'ailleurs été de même en Occident : si les auteurs gréco-latins avaient une affection particulière pour les stratagèmes, et si plus tard quelques grands penseurs tel le maréchal de Saxe[82] ont pu louer ce procédé, il a cependant été globalement décrié – le plus éminent pourfendeur en ayant probablement été Clausewitz[83].

Une autre forme de ruse réside dans la stratégie indirecte : plutôt que de s'attaquer de front à des forces contraires, il peut s'avérer plus rentable et avantageux de les affecter de l'intérieur en les déstabilisant, et en pourrissant les liens qui unissent leurs différentes composantes :

---

[82] Au XVIIIe siècle, le maréchal de Saxe déclarait : « Je ne suis point pour les batailles, surtout au commencement d'une guerre : et je suis persuadé qu'un habile général peut faire toute sa vie [la guerre] sans s'y voir obligé. Rien ne réduit tant l'ennemi à l'absurde que cette méthode ; rien n'avance plus les affaires. Il faut donner de fréquents combats [de détail] et fondre, pour ainsi dire, l'ennemi : après quoi, il est obligé de se cacher. » (Maurice de Saxe, *Mes Rêveries*, réédition des éditions Economica, 2002, p. 223).

[83] Pour Clausewitz, la ruse va obérer des forces qui pourront se révéler faire cruellement défaut au point décisif. Le stratège prussien affirme même d'ailleurs que seuls les faibles ont recours à la ruse :

> *« Quel que soit notre penchant à voir les chefs de guerre se surpasser en astuces, en habilité et en feintes, il faut reconnaître que ces qualités se manifestent peu dans l'Histoire et se sont rarement fait jour parmi les masses des évènements et des circonstances. [...] Ce qui, en guerre, ressemble [à la ruse] – ordres et plans factices, fausses nouvelles répandues à l'intention de l'ennemi, etc. – est généralement si peu efficace dans le domaine de la stratégie qu'on ne peut y recourir qu'en certaines occasions isolées qui se présentent d'elles-mêmes. [...] Le sérieux de l'amère nécessité rend l'action directe si urgente qu'elle ne laisse pas place au jeu. »* (*De la guerre*, Livre III, chapitre 10)

Le stratège prussien n'envisage par exemple pas qu'une diversion puisse produire de véritables effets avec un nombre réduit de moyens. Au contraire :

> *« [La diversion] est fréquemment néfaste. [...] Toute diversion apporte la guerre dans un secteur où elle n'aurait pas pénétré sans cela ; elle fera donc toujours lever quelques forces ennemies qui seraient restées inactives. »* (*De la guerre*, Livre VII, chapitre 10)

« Celui qui sait le mieux doser les stratégies directes et indirectes remportera la victoire. » (Chapitre 7)

Sun Tzu passe aujourd'hui pour être particulièrement moderne avec des concepts tels l'approche indirecte ou la recherche de la victoire sans combattre[84]. On l'oppose ainsi aux formes de conflits passés particulièrement violentes, en particulier la Première Guerre mondiale. La fréquente mise en parallèle avec Clausewitz ne peut manquer d'aboutir à l'opposition – simplificatrice mais parlante – entre une bataille frontale qui serait prônée par le stratège prussien et l'approche indirecte évoquée par Sun Tzu.

Si les approches directes et indirectes sont deux formes de combat opposées, elles peuvent toutefois très bien coexister : certains objectifs tomberont plus efficacement grâce à une stratégie directe, tandis que d'autres gagneront à être traités avec la rapidité d'un affrontement conventionnel. De même, une opération militaire peut très bien combiner les approches, à des niveaux différents. La stratégie pourra par exemple être directe, recherchant un affrontement rapide et décisif avec les forces ennemies. Mais au niveau des opérations, on recherchera la désorganisation des unités adverses à l'aide d'une concentration des moyens sur des points névralgiques adverses. Enfin, au niveau tactique, la destruction massive des moyens ennemis pourra être recherchée dans les affrontements.

---

[84] Si Végèce affirmait déjà au Ve siècle ap. J.-C. qu' « il est préférable de forcer l'ennemi par la faim que par l'épée », c'est à travers l'approche indirecte que Liddell Hart popularisa réellement la pensée de Sun Tzu aux militaires occidentaux, en faisant découvrir ce dernier au moment où la guerre froide risquait de conduire le monde dans une apocalypse nucléaire si l'on s'en tenait à l'école de la montée aux extrêmes théorisée par Clausewitz : Sun Tzu, en prescrivant une approche indirecte, fournissait une échappatoire à l'extermination mutuelle.

Être attentif à la logistique

Sun Tzu est le premier théoricien militaire de l'histoire à placer la problématique de la logistique au cœur des préoccupations du chef de guerre.

> « *La guerre est subordonnée à cinq facteurs [...] Le cinquième [est] l'organisation. [...] Par organisation, il faut entendre la discipline, la hiérarchie et la logistique.* » (Chapitre 1)

> « *Au cœur du pays ennemi, [...] je veille à la continuité de l'approvisionnement.* » (Chapitre 11)

Une nouvelle fois, la confrontation de la pensée de Sun Tzu avec celle de Clausewitz révèle que le précepte, d'apparence évident, ne l'est en réalité pas : dans son *De la guerre*, le stratège prussien ne s'intéressait ainsi absolument pas à l'environnement diplomatique, ni même économique, dans lequel la guerre se déroulait ; pour ce dernier, en effet, « la logistique devait suivre »... Sun Tzu, au contraire, pense la logistique :

> « *Ce qui appauvrit la nation, ce sont les approvisionnements sur de longues distances. Un peuple qui doit supporter des transports sur de longues distances est saigné à blanc.* » (Chapitre 2)

Sun Tzu rappelle que mener une guerre loin de ses bases est coûteux. L'entretien des matériels ainsi que les munitions représentent le principal poste de dépense de l'armée en campagne :

> « *Quant à la maison royale, la dépense occasionnée par la destruction des chars, la fatigue des chevaux, le remplacement des casques, des flèches, des arbalètes, des lances, boucliers et palissades, des bêtes de trait et moyens de transport, amputent soixante pour cent du budget de l'État.* » (Chapitre 2)

La solution que préconise alors Sun Tzu est de se ravitailler grâce aux ressources trouvées en territoire ennemi. En d'autres mots, le pillage :

> *« Pillez en terrain de diligence. »* (Chapitre 11)

Nous pourrions penser, *ex abrupto*, que ce procédé est barbare et caduc. Certains exégètes historiques n'ont d'ailleurs pas manqué de contester ce précepte de Sun Tzu (cf. notre partie « *Des préceptes contradictoires* », p.70). Pour autant, une simple étude des conflits contemporains nous montre qu'il est toujours bien appliqué dans nombre d'endroits du monde, que cela soit le fait de guérillas, d'insurrections ou de conflits plus symétriques. Nous verrons même qu'au sein des armées occidentales modernes, le concept de pillage peut toujours s'avérer d'actualité.

L'Art de la guerre expose deux raisons rendant nécessaire le recours au pillage : assurer sa logistique, et motiver ses hommes par l'autorisation de dépouiller l'adversaire.

Étudions d'abord la première justification :

> *« Qui est habile à conduire les armées ne procède jamais à deux levées consécutives ni n'a besoin de trois réquisitions de grains. Ses ressources propres lui suffisent et il puise ses vivres chez l'ennemi. C'est ainsi qu'il assure la subsistance de ses troupes. »* (Chapitre 2)

> *« On pourvoit aux besoins en nourriture des troupes en pillant les campagnes fertiles. »* (Chapitre 11)

Si les armées occidentales excluent le pillage violent comme source d'approvisionnement, ce procédé est encore pratique courante dans bon nombre de conflits contemporains (particulièrement les affrontements ethniques). Dans le passé récent, l'accaparation par l'Allemagne nazie de la capacité de production des pays envahis, sans parler bien sûr de la spoliation des biens des juifs, était emblématique du pillage violent. Aujourd'hui, la plupart des guérillas contemporaines cherchent toujours à s'approvisionner sur les armureries, les zones de ravitaillement et autres entrepôts de l'adversaire.

Nous avons précisé que le pillage « violent » n'était de nos jours plus pratiqué par les armées occidentales modernes ; cependant, lorsque ces dernières demandent au pays « hôte » de leur fournir des équipements de première nécessité (nourriture, carburant, etc.), quand bien même elles les paient, cette acquisition aura toutes les chances d'être perçue par les populations locales comme étant du pillage de ressources nationales. En cherchant ainsi à simplifier sa logistique, les armées les plus respectueuses du droit de la guerre actuel ne se livreraient-elles donc tout de même pas à une forme douce de pillage[85] ?

Si nous acceptons d'étendre le procédé à ses formes les moins brutales, nous pouvons affirmer que toutes les armées recourent aujourd'hui au pillage par souci d'abaisser le coût logistique de leurs expéditions militaires :

> *« Un général avisé s'emploie à vivre sur l'ennemi. Car une mesure prise sur lui en épargne vingt acheminées depuis l'arrière. Un boisseau de fourrage mangé chez lui en vaut vingt venus de l'arrière. »* (Chapitre 2)

Le risque, si le « boisseau » évoqué par Sun Tzu est pris à la population et non à l'armée ennemie, est bien sûr de susciter une rébellion de la population contre soi. Mais Sun Tzu ne le mentionne pas, sans doute parce qu'il table sur des campagnes-éclair

---

[85] Si le sens premier donné par le Grand Robert au mot *piller* est « Prendre, emporter ouvertement, par la violence (le bien d'autrui) », le terme peut s'employer également par extension pour signifier « Dépouiller par des vols, des concussions, des détournements ».

Même lorsque les États-Unis emmènent toute leur logistique sur un théâtre d'opération, ils imposent par leur dissuasion un certain nombre de contraintes au pays hôte : maitrise de l'espace aérien, capacité à s'approvisionner en carburant, etc.

aboutissant à une victoire totale avant que des mouvements populaires n'aient eu le temps de se structurer :

> « *S'il y eut des campagnes qui ont péché par précipitation, que l'on m'en cite une seule qui, habilement conduite, s'éternisa.* » (Chapitre 2)

Outre les récoltes des paysans, le matériel ennemi doit être récupéré et non détruit :

> « *Lorsque, à l'issue d'un engagement, on réussit à capturer [des] chars adverses, [...] on substitue ses propres bannières à celles de l'ennemi, et on disperse les attelages pris sur l'ennemi au milieu des siens.* » (Chapitre 2)

Il est vrai qu'à l'époque ne se posaient pas les problèmes d'interopérabilité...

Bien évidemment, le stratège chinois se place dans le cadre d'opérations en territoire ennemi : il serait inconcevable de piller ses propres paysans si le conflit en était à une phase défensive sur son sol. Dans le « Pillez en terrain de diligence » du chapitre 11, il convient ainsi de se référer à la définition que donne un peu plus tôt Sun Tzu :

> « *Qui, s'étant profondément enfoncé en territoire ennemi, a derrière soi une multitude de villes fortes adverses, se trouve en terre de diligence.* » (Chapitre 11)

L'appui à la logistique n'est pas le seul intérêt que Sun Tzu voit dans le pillage. La motivation des troupes par la promesse de rétributions exceptionnelles est l'autre justification :

> « *En appâtant [ses hommes] par la promesse de récompenses, [le général] les incite à attaquer l'ennemi pour s'emparer du butin.* » (Chapitre 2)

Si certaines guérillas acceptent encore de voir dans le pillage de l'ennemi une forme de rétribution des troupes, force est de reconnaitre que les armées occidentales modernes n'envisagent plus de recourir à cet expédient. Mais pourquoi ? Rappelons qu'à l'époque de Sun Tzu, les soldats étaient des conscrits, pas des volontaires : leur raison d'aller à la guerre, hors cas de défense de leurs terres, n'était donc que la contrainte. Pour éviter la désertion et leur insuffler la plus grande combativité possible, la récompense était le principal élément de motivation. Aujourd'hui, la majorité des pays occidentaux ont fait le choix d'armées professionnalisées. Motiver leurs troupes pour aller au combat et se battre avec ardeur n'est donc plus une nécessité aussi prégnante que ce qu'elle l'était à l'époque des Royaumes combattants : il n'est plus nécessaire de compenser par d'autres facteurs moraux la motivation au combat qu'offrait la perspective du pillage.

Notons qu'un dernier effet bénéfique du pillage n'a été qu'indirectement exposé par Sun Tzu : la soumission de l'ennemi sans combat, par la terreur. Si cet effet n'est pas recherché par les armées occidentales contemporaines, il l'a été couramment (et consciemment) par des combattants comme ceux de Gengis Khan, de Fidel Castro ou, plus récemment, de Daech : outre l'approvisionnement sur les terres conquises, les combattants cherchaient, par la violence de leur pillage si les adversaires faisaient montre de résistance au don « volontaire », à terroriser la population afin d'obtenir la soumission immédiate des cibles ultérieures.

Le pillage : un procédé, donc, toujours d'actualité !

Agir sur l'environnement diplomatique

Même si le sujet n'est que fugacement traité par Sun Tzu, il nous parait suffisamment important pour devoir être considéré comme un procédé à part entière. Une manière indirecte d'influer sur un conflit réside en effet dans l'environnement diplomatique :

> « *Le mieux, à la guerre, consiste à attaquer les plans de l'ennemi ; ensuite ses alliances ; ensuite ses troupes ; en dernier ses villes.* » (Chapitre 3)

L'Art de la guerre va jusqu'à parler de « ballet diplomatique » :

> « *[...] À ceci s'ajoutent les dépenses pour supporter les efforts de l'arrière et du front, les frais occasionnés par le ballet diplomatique entre royaumes [...]* » (Chapitre 2)

Les propos semblent paradoxaux. D'un côté, Sun Tzu annonce qu'une victoire devrait pouvoir se remporter sans nouer d'alliance :

> « *Sans avoir à disputer aux autres princes leurs faveurs ni à graisser la patte des ministres influents à la cour des seigneurs, rien qu'en comptant sur ses propres capacités, [un roi dominateur] est capable d'imposer son prestige à l'ennemi de telle sorte que ses villes sont prises et ses provinces ruinées.* » (Chapitre 11)

... et de l'autre :

> « *En terrain de communication, je consolide les alliances.* »
> (Chapitre 11)

> « *On contraint les princes par la menace, on les enrôle par des projets, on les fait accourir par des promesses.* »
> (Chapitre 8)

S'agit-il d'une incohérence ? Possible. Ou peut-être ces dernières maximes ne sont-elles présentées que pour le cas non-idéal où le général ne pourrait vaincre par son seul effet dissuasif.

Sun Tzu n'identifie pas clairement si ces manœuvres diplomatiques relèvent du général ou du souverain. Nous pouvons néanmoins comprendre que le général doit agir sur ce qui est de son domaine.

L'Art de la guerre évoque bien sûr également l'action à mener pour briser les alliances de l'adversaire :

> « *L'armée d'un roi dominateur [...] fait-elle planer une menace sur un de ses voisins que les autres puissances n'osent nouer avec lui des alliances.* » (Chapitre 11)

La connaissance de l'environnement géostratégique par le renseignement est alors, rappelons-le, essentielle :

> « *Qui ignore les objectifs stratégiques des autres princes ne peut conclure d'alliance.* » (Chapitre 7)

> « *Qui omet de se tenir au courant des menées des seigneurs ne pourra devancer leurs alliances.* » (Chapitre 11)

Pour Sun Tzu, les alliances s'avèrent donc être un paramètre incontournable de la guerre sur lequel le général, disposant de toute son autonomie d'action une fois le conflit engagé, doit avoir une véritable action.

Les compétences nécessaires au général

La partie « *La guerre est une dialectique entre deux* généraux » (p. 111) nous a montré que Sun Tzu concevait la guerre non comme un affrontement de deux armées ou deux pays, mais comme celui de deux personnes. Dès lors, le général ne peut être que le pilier de la victoire :

> « *Le général est le rempart de l'État ; si celui-ci est solide, le pays est puissant, sinon il est chancelant.* » (Chapitre 3)

Le sujet des compétences du général concerne deux cibles : le général lui-même, qui, ainsi conscient des qualités nécessaires pour remporter les batailles, sera à même de s'analyser correctement et d'identifier ses faiblesses (tout autant que celles de l'adversaire qu'il pourra alors chercher à exploiter) ; et, dans le même temps, le souverain, à qui incombera la responsabilité de choisir son chef des armées.

Dans ce deuxième cas, *L'Art de la guerre* pourrait ainsi être vu comme un miroir des princes, c'est-à-dire un ouvrage ambitionnant de donner des conseils sur la façon de gouverner (et ce d'autant plus que l'on trouve dans le traité quelques réflexions directement adressées au souverain, comme les considérations sur la guerre du chapitre 1 ou les remarques sur le recrutement des espions du chapitre 13). Le traité ne ferait alors que décrire ce que doit être et doit faire le parfait général.

Cette idée est d'autant plus pertinente que nombre de qualités attendues du général relèvent plus de l'inné que de l'acquis :

> « *Qui sait quand il faut combattre et quand il faut s'en abstenir sera victorieux. Qui sait commander aussi bien à un petit nombre qu'à un grand nombre d'hommes sera victorieux. Celui qui sait harmoniser la volonté des inférieurs et des supérieurs aura la victoire.* » (Chapitre 3)

De telles compétences s'acquièrent-elles réellement ? Peut-on, sur commande, décider de « savoir harmoniser la volonté des inférieurs et des supérieurs » ? Ces questions sont naturelles : nous avions évoqué dans la partie « *Un mode opératoire insuffisant ?* » (p. 58) l'exemple du marquis de Puységur qui, dès 1773, émettait la critique suivante : « *Certes, c'est là sans doute le sublime d'un général. Mais [Sun Tzu] ne nous enseigne pas bien clairement ce moyen de faire vouloir à l'ennemi ce qu'on désirerait de lui* ». Ces recommandations sur le charisme ou le génie concernent en effet davantage le souverain, qui aura à choisir son chef des armées, que le général lui-même qui, une fois désigné, n'aura plus guère le loisir de corriger ses défauts ou de chercher à améliorer son empathie et son intuition naturelles. Au mieux pourra-t-il se faire conseiller (« coacher » dirait-on aujourd'hui), mais il ne pourra déléguer ses responsabilités de commandement et de prise de décision.

De la multiplicité des qualités du chef

Les qualités attendues du général sont nombreuses : la résolution, la puissance, la prestesse, la force, le courage, l'humanité, la vertu, la perspicacité, l'impartialité, la sévérité, la souplesse, la fermeté, la rigueur, l'impavidité, l'intelligence, la bonté, la subtilité, la discrétion... sans parler des qualités plus abstraites : « invincible », « infini », « inépuisable », « mystérieux », « divin », ...

Certaines qualités peuvent aujourd'hui sembler surprenantes, comme l'absence de compassion ou d'honneur[86].

Ces compétences requises sont dispersées à travers tout le traité :

---

[86] Concernant ces deux caractéristiques, le stratège Cao Cao en a proposé l'explication suivante : « *[Les hommes d'honneur] peuvent être manœuvrés par la crainte de la souillure et de l'humiliation. [...] Celui qui aime ses hommes est obligé d'avancer à marches forcées et d'allonger ses étapes pour les protéger lorsqu'ils sont en danger. Cela perturbe la marche de l'armée.* » Et le commentateur Li Quan de préciser : « *Lorsque ceux qu'on aime sont attaqués, il faut rouler les armures pour courir les sauver. L'amour de ses hommes peut mener à l'épuisement.* »

> « *Le commandement dépend de la <u>perspicacité</u>, de l'<u>impartialité</u>, de l'<u>humanité</u>, de la <u>résolution</u> et de la <u>sévérité</u> du général.* » (Chapitre 1)

> « *Parce qu'il a le <u>contrôle du moral</u>, un bon général évite l'ennemi quand il est d'humeur belliqueuse pour l'attaquer quand il est indolent ou nostalgique ; parce qu'il a la <u>maîtrise de la résolution</u>, il oppose l'ordre au désordre, le calme à l'affolement ; parce qu'il détient la <u>maîtrise des forces</u>, il oppose à des hommes qui viennent de loin des combattants placés à proximité du théâtre des opérations, à des soldats épuisés des troupes fraîches, à des ventres vides des ventres pleins ; parce qu'il a le <u>parfait contrôle de la manœuvre</u>, il n'affronte pas les bannières fièrement déployées ni des bataillons impeccablement ordonnés.* » (Chapitre 7)

> « *Un général se doit d'être <u>impavide</u> pour garder ses secrets, <u>rigoureux</u> pour faire observer l'ordre.* » (Chapitre 11)

> « *Le grand général <u>se contrôle</u>.* » (Chapitre 12)

Les qualités que Sun Tzu attend du chef des armées peuvent également être déduites de ses préceptes :

> « *Le véritable chef de guerre n'engage pas la bataille sur un mouvement d'humeur.* » (Chapitre 12) : Le général doit être maitre de ses humeurs.

> « *Qui sait commander aussi bien à un petit nombre qu'à un grand nombre d'hommes sera victorieux. Celui qui sait harmoniser la volonté des inférieurs et des supérieurs aura la victoire.* » (Chapitre 3) : Le général doit être un chef charismatique.

Sun Tzu présente également parfois des qualités en creux :

« On dénombre cinq traits de caractère qui représentent un danger pour un général : <u>s'il ne craint pas la mort</u>, il risque d'être tué ; <u>s'il chérit trop la vie</u>, il risque d'être capturé ; <u>coléreux</u>, il réagira aux insultes ; <u>homme d'honneur</u>, il craindra l'opprobre ; <u>compatissant</u>, il sera aisé de le tourmenter. Ces cinq traits de caractère sont de graves défauts chez un capitaine et peuvent se révéler catastrophiques à la guerre. » (Chapitre 8)

« Si, <u>ne pouvant contenir son impatience</u>, le commandant en chef lance prématurément l'assaut général en envoyant ses hommes escalader les remparts tels des fourmis, il perdra un tiers de ses effectifs sans avoir enlevé la place. Telle est la plaie des guerres de siège. » (Chapitre 3)

Au bout du compte, il serait hasardeux de déduire d'un simple comptage les qualités qui seraient les plus importantes aux yeux de Sun Tzu. En outre, le nommage des qualités dépend vraiment de la traduction (cf. p. 77 *« Le chinois classique : une langue plastique qui nécessite d'être interprétée »*). C'est véritablement en lisant le texte que l'on peut remarquer la récurrence de certaines aptitudes, la plupart du temps non distinctement explicitées. Ainsi, concernant la caractéristique de « sévérité » (terme employé une seule fois en tant que tel dans le traité), on trouve par ailleurs les maximes suivantes :

« Qui possède le système de récompenses et de châtiments le plus efficace ? La réponse à ces questions permet de déterminer à coup sûr le camp qui détient la victoire. » (Chapitre 1)

« Si on se refuse à appliquer les châtiments sous prétexte que les hommes vous sont attachés, ils ne pourront servir au combat. » (Chapitre 9)

« Des hommes qu'on traite avec égard et à qui on manifeste de l'amour, sans être capable de leur assigner de tâches et de s'en faire obéir, de sorte que leur turbulence échappe à

tout contrôle, tels des enfants gâtés, ne seront propres à rien. » (Chapitre 10)

Nous pourrions donc considérer que la notion de « sévérité » apparaît quatre fois à travers tout le traité.

Au bout du compte, l'énumération de toutes les qualités recommandées par Sun Tzu, qu'elles soient explicitement citées ou seulement sous-entendues, aboutirait à une liste de plusieurs dizaines de compétences. De fait, cette liste ne s'avérerait guère exploitable, semblant couvrir toute la palette des qualités possibles. La fréquence de citation d'une compétence n'est pas non plus directement reliée avec l'importance que Sun Tzu lui accorde dans son système. Pourtant, le chef idéal de Sun Tzu n'est pas le même que celui de Clausewitz ou de Napoléon. La poursuite de l'étude des compétences du général s'avère donc pertinente.

L'art du commandement

La réflexion de Sun Tzu s'inscrivant dans le cadre d'un univers de conscription et non d'armées professionnelles, le stratège chinois avait parfaitement conscience qu'aucun paysan n'allait au combat de gaité de cœur :

> « *Le jour où on transmet aux hommes l'ordre de se mettre en campagne, les larmes inondent les pourpoints de ceux qui sont assis et ruissellent le long des joues de ceux qui sont couchés.* » (Chapitre 11)

Comme nous l'avons déjà évoqué, la solution suggérée par Sun Tzu n'est pas de constituer une armée de métier, mais bien de faire avec la ressource des conscrits armés.

Sun Tzu considère dès lors que le moral des hommes est déterminant pour l'issue de la bataille. Plus important que la quantité des troupes :

> *« À la guerre, le nombre n'est pas un facteur décisif. […] Il suffit de savoir concentrer ses forces, évaluer l'adversaire et <u>se gagner le cœur des hommes</u>. »* (Chapitre 9)

L'art du commandement seul donne au général la liberté d'action de conduire la manœuvre qu'il souhaite :

> *« L'art du commandement permet d'unifier les volontés et l'intelligence du terrain, et de conjuguer la force avec la souplesse. »* (Chapitre 11)

> *« Une armée peut connaître la fuite, le relâchement, l'enlisement, l'écroulement, le désordre, la déroute. Ces six malheurs ne tombent pas du Ciel mais proviennent d'une erreur du commandement. »* (Chapitre 10)

Il s'avère donc indispensable que le général ait la capacité de motiver les troupes non seulement pour qu'elles acceptent l'idée d'aller à l'engagement physique, mais également pour qu'elles combattent le mieux possible.

Une première façon d'atteindre cet objectif est indépendante du général et ressort plus du souverain. Il s'agit de « la vertu » :

> *« La guerre est subordonnée à cinq facteurs. Le premier est la vertu [qui] qui assure la cohésion entre supérieurs et inférieurs, et incite ces derniers à accompagner leur chef dans la mort comme dans la vie, sans crainte du danger. »* (Chapitre 1)

Jean Lévi précise dans sa traduction qu'il a choisi d'utiliser le terme de « vertu » en l'employant au sens qu'il a chez Montesquieu : la force morale donnée à une nation par ses mœurs et ses institutions[87].

---

[87] Notons que Sun Tzu n'évoque pas explicitement la possibilité de s'attaquer aux composantes de l'édifice social adverse. Pourtant, saper les fondements de la société de l'opposant paraitrait découler de sa volonté de gagner un conflit sans

Pour le reste, l'adhésion des hommes est du strict ressort du général. *L'Art de la guerre* précise clairement que ce dernier doit avant tout être un meneur d'hommes.

> *« Qui sait commander aussi bien à un petit nombre qu'à un grand nombre d'hommes sera victorieux. Celui qui sait harmoniser la volonté des inférieurs et des supérieurs aura la victoire. »* (Chapitre 3)

Pour cela, le général doit s'intéresser à la psychologie humaine :

> *« [Le général] se doit d'étudier avec la plus grande attention tant la stratégie commandée par le terrain ou l'opportunité des avances et des replis que les lois qui président aux sentiments humains. »* (Chapitre 11)

Sun Tzu livre d'ailleurs quelques analyses en ce sens :

> *« L'humeur matinale est belliqueuse, l'humeur de midi indolente, l'humeur vespérale nostalgique. »* (Chapitre 7)

> *« En excitant leur fureur, le général incite ses hommes à massacrer l'ennemi. »* (Chapitre 2)

Bien sûr, Sun Tzu rappelle que la discipline constitue la « force principale des armées[88] » :

---

effusion de sang (« soumettre l'ennemi sans croiser le fer »). Peut-être Sun Tzu estime-t-il l'objectif trop ardu. Mais peut-être aussi la chose lui semble-t-elle aller de soi. Nous pencherions pour la deuxième solution, même si certaines formulations pourraient nous contredire :

> *« Le mieux, à la guerre, consiste à attaquer les plans de l'ennemi ; ensuite ses alliances ; ensuite ses troupes ; en dernier ses villes. »* (Chapitre 3)

Nulle évocation ici d'une quelconque tentative de s'en prendre au lien unissant le général à ses troupes...

[88] Formule largement utilisée de nos jours dans l'armée française, issue de l'ordonnance du 13 mai 1818 « portant règlement sur le service intérieur, la police et la discipline des troupes d'infanterie ». Jusqu'en 1966, le règlement de discipline

« La guerre est subordonnée à cinq facteurs. [...] Le cinquième [est] l'organisation. [...] Par organisation, il faut entendre la discipline, la hiérarchie et la logistique. » (Chapitre 1)

« Quand le général n'a ni la fermeté ni la rigueur requises, que ses instructions manquent de clarté, officiers et soldats que n'encadrent pas des lois strictes, étant bien en peine de former leurs rangs, il y aura désordre. » (Chapitre 10)

Si *L'Art de guerre* prône une discipline dure, celle-ci ne doit toutefois pas atteindre des extrêmes[89] :

« Être obligé de faire preuve de la plus grande cruauté pour se faire craindre de ses hommes est la marque d'une grande incompétence. » (Chapitre 9)

La discipline ne fait cependant pas tout. Elle perdrait rapidement toute efficacité si elle n'était habilement dosée avec sa contrepartie : les récompenses. Le général doit ainsi savoir jouer de la carotte et du bâton :

« Qui possède le système de récompenses et de châtiments le plus efficace ? [...] La réponse à ces questions permet de

---

générale des armées françaises écrivait : « La discipline faisant la force principale des armées, il importe que tout supérieur obtienne de ses subordonnés une obéissance entière et une soumission de tous les instants, que les ordres soient exécutés littéralement sans hésitation ni murmure ».

[89] Rappelons que nous avions émis de forts doutes sur l'authenticité des maximes relatives au sacrifice des hommes. Si nous devions toutefois les inclure dans notre analyse du système suntzéen, nous les aurions introduites en expliquant que l'attention portée aux subordonnés devrait se limiter aux phases non strictement combattantes d'un conflit : lorsque les combats font rage, il n'est plus question de se soucier du sort des soldats. Si le général doit « chérir ses hommes » avant les hostilités, il devra non seulement n'avoir aucune hésitation à les sacrifier si cela présente un intérêt tactique, mais surtout il devra rechercher ces situations de mise en danger délibérée afin d'obtenir un gain de combativité.

déterminer à coup sûr le camp qui détient la victoire. » (Chapitre 1)

« Lorsque, à l'issue d'un engagement, on réussit à capturer dix chars adverses, il convient de récompenser le premier qui a réalisé l'exploit. » (Chapitre 2)

Sun Tzu recommande à cet égard de ne pas hésiter à se montrer très généreux :

« Un grand capitaine dispense des récompenses non prévues par la loi et promulgue des édits qui ne sont consignés dans aucun code. » (Chapitre 11)

En totale révolution avec la plupart de ses contemporains et des auteurs militaires qui lui succèderont, Sun Tzu ne prône donc pas un commandement basé uniquement sur l'imposition de la discipline, mais enjoint également de véritablement porter de l'attention à ses subordonnés :

« Pour peu que leur chef les aime comme un nouveau-né et les chérisse comme un fils bien-aimé, les soldats seront prêts à le suivre en enfer et à lui sacrifier leur vie. » (Chapitre 10).

« On stimule l'ardeur des soldats et accroît leur énergie en s'assurant qu'ils soient bien nourris et reposés. » (Chapitre 11)

Le génie militaire

Dès le premier chapitre, Sun Tzu semble sous-entendre que la guerre serait une science qu'il faut apprendre :

« Le général qui se fie à mes calculs sera nécessairement victorieux : il faut se l'attacher ; le général qui se refuse à les entendre sera régulièrement défait : il faut s'en séparer ! » (Chapitre 1)

L'Art de la guerre pourrait en outre être vu comme un recueil de procédures permettant de gagner les batailles :

> *« Si [l'adversaire] se concentre, défendez-vous ; s'il est fort, évitez-le. »* (Chapitre 1)

Nous avons recensé 275 commandements exprimés explicitement dans le traité. Ils sont présentés en annexe 1.

Cependant, le stratège chinois affirme aussi qu'il est impossible d'enseigner la guerre :

> *« Tels sont les stratagèmes qui apportent la victoire et qui ne se peuvent apprendre. »* (Chapitre 1)

Nous pouvons voir les caractéristiques de l'art en ce que la stratégie doit être recréée *ex nihilo* pour chaque bataille :

> *« Un général ne cherche pas à rééditer ses exploits, mais s'emploie à répondre par son dispositif à l'infinie variété des circonstances. La forme d'une armée est identique à l'eau. [...] L'eau forme son cours en épousant les accidents du terrain, une armée construit sa victoire en s'appuyant sur les mouvements de l'adversaire. »* (Chapitre 6)

Il n'existe dès lors pas de règle intangible :

> *« On doit toujours peser ses décisions en fonction des circonstances. »* (Chapitre 7)

L'Art de la guerre souligne d'ailleurs l'indispensable part d'intuition, non-transmissible :

> *« Celui qui sait le mieux doser les stratégies directes et indirectes remportera la victoire. »* (Chapitre 7)

Pour illustrer la complexité de la conduite de la guerre, Sun Tzu use d'une métaphore poétique :

« Bien qu'il n'y ait que cinq notes, cinq couleurs et cinq saveurs fondamentales, ni l'ouïe, ni l'œil, ni le palais ne peuvent en épuiser les infinies combinaisons. De même, bien que le dispositif stratégique se résume aux deux forces, régulières et extraordinaires, elles engendrent des combinaisons si variées que l'esprit humain est incapable de les embrasser toutes. Elles se produisent l'une l'autre pour former un anneau qui n'a ni fin ni commencement. Qui donc pourrait en faire le tour ? » (Chapitre 5)

Évidemment, si la recette pour gagner tout conflit existait réellement, la face du monde serait bien différente : être en capacité de réciter *L'Art de la guerre* et d'en expliquer chaque passage (comme il l'a été demandé pendant près d'un millénaire aux fonctionnaires militaires impériaux chinois) n'apporte aucune assurance sur la capacité à sortir victorieux d'un conflit. Jean Lévi rapporte d'ailleurs cette anecdote[90] :

Bien des stratèges chinois ont raison « sur le papier » ou dans le discours, tant ils savent jongler verbalement avec les règles énoncées par les manuels, mais finalement, confrontés à la réalité de la bataille, ils sont piteusement défaits. Il ne suffit pas de combattre dos à une rivière pour triompher d'un adversaire ou bien d'acculer ses troupes pour qu'elles se battent avec fougue. La déconfiture du général Ma Sou devant Sse-ma Yi à la passe de Kie-t'ing en porte témoignage. Pourtant, familiarisé dès l'enfance avec la littérature stratégique, il avait forcé l'admiration d'un génie militaire tel que Tchou-ko Leang par sa compréhension du Sun-tzu et des autres manuels militaires, à telle enseigne que celui-ci n'avait pas hésité à lui confier, en dépit de sa jeunesse, des responsabilités importantes au sein de l'armée. Il faut en prendre son parti : la stratégie est un art et non une science ; la réussite

---

[90] Jean Lévi, *Les sept traités de la guerre*, éditions Fayard/Pluriel, 2008, p. 68.

dépend donc plus de celui qui applique les principes que des principes eux-mêmes.

Comme le cite Sima Qian en clôture de sa biographie des trois grands stratèges chinois Sun Tzu, Sun Bin et Wou Tseu[91] :

Ceux qui savent agir ne savent pas tous parler, et ceux qui savent parler ne savent pas tous agir.

Maitriser parfaitement la théorie de la doctrine ne prouve rien de la capacité à la mettre en œuvre efficacement sur le terrain :

« Si n'importe qui est à même de connaître la manœuvre gagnante, nul ne peut remonter au processus qui m'a permis d'édifier la configuration victorieuse. » (Chapitre 6)

Face à une situation donnée, seul le génie militaire aura la faculté de trouver l'interprétation juste des propos de Sun Tzu à même de lui faire remporter la victoire. Autant dire que la seule reformulation de *L'Art de la guerre* en liste épurée de préceptes ne saurait aboutir à un manuel permettant de gagner tout conflit, pas plus que les livres de recettes ne suffisent à faire les grands chefs cuisiniers.

Si Sun Tzu se montre la plupart du temps très injonctif dans ses recommandations (« il faut », « le général doit », etc.), il laisse pourtant entendre au chapitre 1 que la totalité de ses préceptes n'a pas nécessairement à être appliquée, l'important pour remporter la victoire étant de mettre en œuvre plus de bons procédés que l'adversaire :

« Il suffit [...] de se demander : Qui a les meilleures institutions ? Qui a le meilleur général ? Qui a les conditions climatiques et géographiques les plus favorables ? Qui a la meilleure discipline ? Qui a l'armée la plus puissante et les soldats les mieux aguerris ? Qui

---

[91] Sima Qian, *Vie des chinois illustres*, traduit par Jacques Pimpeneau, éditions You Feng, 2009, p. 55.

> *possède le système de récompenses et de châtiments le plus efficace ? La réponse à ces questions permet de déterminer à coup sûr le camp qui détient la victoire. »* (Chapitre 1)

> *« Qui additionne de nombreux atouts sera victorieux, qui en a peu sera vaincu. »* (Chapitre 1)

Certains préceptes font d'ailleurs preuve de modération dans l'injonction, revêtant plus l'aspect de recommandations ou laissant entrevoir la possibilité que, dans certains cas, il pourrait en aller autrement :

> *« En règle générale, il est préférable de préserver un pays à le détruire, un corps d'armée à le détruire, un bataillon à le détruire, une escouade à la détruire, une brigade à la détruire. »* (Chapitre 3)

En cela, *L'Art de la guerre* est déjà plus un guide qu'un manuel. À l'instar de tous les autres traités militaires, il ne doit en effet être vu que comme l'un des grands textes susceptibles de concourir à la formation du chef. Mais en fin de compte, le général doit être lucide sur ses qualités, exploiter et renforcer celles qui le distinguent des autres, et amoindrir et compenser ses faiblesses. La lecture et l'étude de Sun Tzu ne peuvent que fortifier sa réflexion, quand bien même il déciderait de n'appliquer aucun de ses préceptes. Si l'usage des citations tend à laisser penser que « tout a déjà été écrit » et qu'il suffirait de bien lire le guide pour trouver réponse à nos problèmes contemporains, il s'agit là bien évidemment d'un leurre : les classiques ne servent qu'à forger l'esprit, et tout l'art est *in fine* d'être capable de concevoir une pensée originale.

Tout comme pour le langage, où la profondeur de la pensée est en rapport direct avec la quantité de vocabulaire maitrisé, les mots de la stratégie sont l'histoire militaire, la connaissance des doctrines, l'étude des capacités de l'adversaire, bref la culture militaire. S'il n'y a en théorie pas besoin de connaitre les campagnes de Jules César pour être un grand stratège, l'Histoire montre néanmoins que peu de grands stratèges ne connaissaient pas les campagnes de Jules César...

Dans son avant-propos à *Sun Tse et les anciens Chinois*, le lieutenant-colonel Lucien Nachin résumait parfaitement en 1948 le type d'apport de la lecture du traité de Sun Tzu par le chef de guerre[92] :

> « Entendons bien que Sun Tse n'eut jamais la prétention d'apporter la recette du succès, ni d'apprendre à faire la guerre.
>
> Il n'a pas tenté de mettre la victoire en équation, mais seulement de faire toucher du doigt l'extraordinaire variété des éléments qui interviennent dans un problème de guerre. Tout ce qu'il énonce est facile à comprendre, mais reste inassimilable pour quiconque n'a pas l'instinct de la lutte. En fait, l'analyse des éléments à combiner et l'appréciation de l'efficacité des moyens à mettre en œuvre constituent des spéculations qui peuvent, après coup, tenter les historiens, mais n'effleurent jamais la pensée d'un véritable homme de guerre. C'est l'intuition qui donne à ce dernier la perception directe de la réalité, telle qu'elle se présente à un moment donné et c'est le génie militaire qui suggère la solution la mieux appropriée, compromis inévitable entre des exigences contradictoires. « L'étude fait les savants, a dit Napoléon, la nature seule fait les grands capitaines. »
>
> Mais cette intuition, ce génie ne prennent toute leur ampleur, n'acquièrent toute leur originalité et ne réalisent des combinaisons fructueuses que si l'intelligence dont le génie émane condense toute l'évolution sociale contemporaine, embrasse tous les problèmes et saisit toutes les relations.

---

[92] Lucien Nachin, *Sun Tse et les anciens Chinois*, éditions Berger-Levrault, 1948, pp. 12-13.

Et c'est là ce que Sun Tse a voulu faire toucher du doigt à ses disciples lorsqu'il les invite à réfléchir longtemps à l'avance, à toujours observer, à concentrer leur pensée et à n'avoir jamais l'esprit en repos. Ces qualités sont si rares que Sun Tse ne s'abuse pas sur la fréquence de leur apparition, mais il a la sagesse de prémunir ses élèves contre deux défauts fréquents, nuisibles l'un et l'autre : l'imitation et la réaction. L'imitation conduit à ériger en système un ensemble de procédés qui, dans une circonstance déterminée, ont abouti aux résultats attendus.

Pratique fâcheuse, pense Sun Tse, car les circonstances ne sont jamais les mêmes, et ainsi le système joue toujours à faux. La réaction consiste à prendre le contrepied de ce qui se pratique sans peser si les usages adoptés ne correspondent pas à une certaine permanence des causes qui les ont engendrés. Prétention orgueilleuse, selon Sun Tse, que de méconnaitre les enseignements des grands capitaines dont les hauts faits doivent rester un objet de constante méditation pour tous ceux qui veulent suivre les traces de ces illustres devanciers !

L'enseignement de Sun Tse est ainsi un perpétuel balancement entre des notions exactes mais contradictoires, des vérités expérimentales mais de sens contraire, des constatations justes mais qui s'opposent. »

Dès lors, la guerre est-elle, pour Sun Tzu, un art ou une science ? Le traité porte-t-il bien son nom ? La question est loin d'être simple. Pour commencer, force est de constater que le titre du traité semble répondre catégoriquement à cette question : la guerre est bien un art. Cependant, ce titre n'est qu'une traduction française (d'une traduction anglaise[93]...) ne collant pas exactement à son équivalent chinois (*bing fa*, 兵法). Inutile, donc, de s'attarder trop sur cet

---

[93] Comme nous l'avons vu dans la partie « *Une fixation du texte 500 ans après la mort de Sun Tzu* » (p. 46), le titre français provient de la version britannique parue en 1910 : « Sun Tzu – On the Art of War ».

argument. En réalité, Sun Tzu considère que le général doit à la fois être un parfait calculateur, et également disposer de génie militaire ! En conclusion, la guerre est bien un art « qui ne peut s'apprendre »... mais aussi une science, faite de calculs et d'actions à entreprendre dans des cas bien identifiés.

Le général doit être lucide vis-à-vis de lui-même

L'idée à notre sens la plus forte, car la moins attendue d'un traité militaire, nous parait être le commandement de se connaitre soi-même :

> « *Qui connaît l'autre et se connaît, en cent combats ne sera point défait ; qui ne connaît l'autre mais se connaît, sera vainqueur une fois sur deux ; qui ne connaît pas plus l'autre qu'il ne se connaît sera toujours défait.* » (Chapitre 3)

L'injonction de Sun Tzu rejoint ici le « *connais-toi toi-même* » sur lequel Socrate bâtissait sa sagesse et, moins anachroniquement, le « *Celui qui connait les autres est un sage, celui qui se connait est éclairé* » de Lao Tseu[94]. En effet, le général qui ne saurait pas être lucide sur ses qualités et ses défauts ne saurait mettre en valeur ses forces et, surtout, prêterait le flanc à ses faiblesses. Le chef doit avoir conscience de ses traits de personnalité et de ses tendances profondes pour ne pas se laisser dominer par elles :

> « *On dénombre cinq traits de caractère qui représentent un danger pour un général : s'il ne craint pas la mort, il risque d'être tué ; s'il chérit trop la vie, il risque d'être capturé ; coléreux, il réagira aux insultes ; homme d'honneur, il craindra l'opprobre ; compatissant, il sera aisé de le tourmenter. Ces cinq traits de caractère sont de graves défauts chez un capitaine et peuvent se révéler catastrophiques à la guerre. C'est souvent à cause d'eux que*

---

[94] *Le Lao Tseu*, traduction de Jean Lévi, éditions Albin Michel, 2009, chapitre 33.

les armées sont détruites et le général tué ; aussi doit-on y prêter la plus extrême attention. » (Chapitre 8)

Étant ainsi au fait de ses travers, il sera beaucoup plus à même de résister aux tentatives adverses de manipulation.

L'Art de la guerre décrit le général parfait. Sun Tzu invite dès lors l'impétrant à faire preuve de lucidité sur lui-même : s'il s'estime raisonnablement trop éloignée de la description donnée, peut-être alors vaut-il mieux qu'il renonce à la tâche de conduire les armées. Ou, s'il persiste à assurer cette charge, il lui sera nécessaire de travailler ses domaines de faiblesses. À moins d'être né directement génie militaire, la lucidité et l'humilité des prétendants au commandement des troupes doivent donc être les premières caractéristiques des lecteurs de Sun Tzu.

Nous n'avons dans le traité guère de matière pour détailler cette idée plus avant. Comme nous l'avons expliqué précédemment, nous faisons le choix de ne pas broder autour des concepts de Sun Tzu pour obtenir du volume et un équilibrage des parties. Aussi nous contenterons-nous d'insister sur l'idée que cette dernière injonction à se connaitre soi-même nous parait être une des plus profondes du traité.

Conclusion

L'Art de la guerre n'est pas le tout premier écrit militaire de l'humanité, mais il est certainement le plus ancien véritable traité de stratégie. Supplantant tout ce qui avait été rédigé jusqu'alors, sa profondeur resta inégalée pendant près de deux millénaires. Non seulement en Chine, mais également à travers le reste du monde : il fallut attendre la Renaissance en Occident pour que des réflexions d'un tel niveau émergent à nouveau. La hauteur de vue de Sun Tzu était exceptionnelle (« *Être victorieux dans tous les combats n'est pas le fin du fin ; soumettre l'ennemi sans croiser le fer, voilà le fin du fin.* »). Sa pensée était d'une surprenante modernité (« *On traitera humainement les prisonniers.* ») et se présentait bien souvent en rupture par rapport aux pratiques de l'époque (« *La prévision ne vient ni des esprits ni des dieux.* »). Il fut ainsi le premier à mettre par écrit nombre d'assertions qui nous paraissent aujourd'hui des évidences, mais qui n'avaient rien de tel à l'époque :

- la réduction au strict nécessaire des destructions chez l'adversaire ;
- la préférence pour l'approche indirecte (diplomatie, ruse, etc.) ;
- le recours au combat indirect (l'attaque frontale n'est pas la meilleure solution) ;
- l'impératif de la recherche du renseignement ;
- la primauté de la manœuvre ;
- la nécessité de créer l'incertitude chez l'ennemi ;
- la recherche de l'effet de surprise ;
- l'obligation d'être réactif et de savoir exploiter les situations ;
- la connaissance de soi-même, aussi importante que celle de l'adversaire ;
- etc.

Modernité de Sun Tzu, donc, mais inapplicabilité aux armées contemporaines : s'il y a beaucoup à picorer dans *L'Art de la guerre* pour conforter les méthodes actuelles de conduire un conflit, force est de constater que le système présenté, pris dans sa globalité, n'est pas appliqué. La manœuvre délibérément en réaction (et pas simplement la réaction en conduite à un écart avec le plan initial) ne saurait être acceptée par nos sociétés qui condamnent après coup la prise de risque si cette dernière s'avère avoir échouée.

Si le combat de guérilla, parfaite application d'une grande partie des préceptes de Sun Tzu, est une réalité toujours d'actualité, le combat en essaim est peut-être promis à un bel avenir avec l'amélioration des systèmes de communication et, bien sûr, l'utilisation de meutes de drones.

Pour conclure définitivement cette étude, nous tenons à repréciser qu'il ne s'agit là que de notre lecture d'une traduction française de *L'Art de la guerre*. Le parti pris était d'exposer le système que nous avons compris, en l'illustrant des citations de Sun Tzu relatives à notre propos. Il ne s'agit nullement d'une démonstration : seulement d'une exposition. Un autre lecteur pourrait en faire un résumé différent, se servant des mêmes maximes que nous pour développer son propre système. D'autres exégètes de la pensée de Sun Tzu ont ainsi pu dresser des synthèses distinctes. Par exemple, l'Américain Mark MacNeilly[95] a résumé sa lecture autour des six thèmes suivants :

- Gagner sans combattre : atteindre l'objectif sans le détruire
- Éviter la force, attaquer la faiblesse : frapper là où l'ennemi est le plus vulnérable
- Duper et se renseigner : gagner la guerre de l'information
- Agir avec vitesse et préparation : manœuvrer rapidement pour vaincre les résistances
- Façonner l'ennemi : préparer le champ de bataille
- Personnalité du chef : commander par l'exemple

L'analyse du Britannique Christopher MacDonald[96] met quant à elle en évidence trois oppositions que le général doit maitriser (les

---

[95] Mark McNeilly, *Sun Tzu and the art of modern warfare*, 2ᵉ édition, éditions Oxford University Press, 2002.

[96] Christopher McDonald, *The science of war*, éditions Earnshow books, 2018.

forces régulières et extraordinaires, le vide et le plein et le direct et l'indirect) ainsi que trois principes de la guerre :

- « La victoire » (le souverain et le général doivent avoir une vision claire et commune de l'objectif à atteindre)
- La connaissance (l'information préalable)
- La supériorité stratégique (le shi)

Du côté des auteurs francophones, Christophe Van Staen[97] juge que les principes énoncés dans *L'Art de la guerre* sont :

- La figure du général
- L'information préalable
- L'environnement
- La psychologie des troupes
- L'approche « symptômale » du général

Valérie Niquet[98] écrit quant à elle :

> *Le but de la guerre c'est la victoire, la guerre en soi ne présentant pas d'intérêt dans la mesure où les combats font, au contraire, peser un coût rapidement insupportable sur le pays. Pour créer les conditions d'une victoire rapide, le bon stratège doit donc également avoir comme principe de toujours garder l'initiative en obligeant l'ennemi à se conformer à ses plans. Il faut tromper l'ennemi pour le pousser à agir, ou à ne pas agir, et ne pas être trompé par lui. Il faut jouer de l'effet de surprise en attaquant là où l'ennemi s'y attend le moins afin de rencontrer le moins de résistance possible et d'éviter toute prolongation des combats.*

---

[97] Christophe Van Staen et Niels Thorez, *L'Art de la guerre de Sun Tzu*, éditions Profil littéraire, 2017.

[98] Valérie Niquet, *Les fondements de la stratégie chinoise*, éditions Economica, 1997.

Sur le principe même de *L'Art de la guerre*, là où nous lisons un ouvrage militaire, un auteur comme Jean Lévi[99] expose un point de vue fort différent :

> *La guerre, la façon de conduire et de mener les opérations militaires, n'est nullement le but fondamental [du traité de Sun Tzu]. Il en est le prétexte. [...] Si les militaires occidentaux limitent leur objet à cette chose qu'est, pour les théoriciens chinois, le théâtre des opérations, un livre comme le Sun Tzu s'intéresse essentiellement à tout ce qui pour leurs collègues de l'autre extrémité du continent ne concerne pas la guerre.*

La vision qu'a le sinologue du propos de Sun Tzu est à cet égard radicalement décalée par rapport à notre lecture militaire du texte[100].

Ainsi, toute réfléchie que soit notre étude du traité de Sun Tzu, elle ne demeure qu'une compréhension possible – parmi d'autres – de ce texte d'apparence simple et clair qu'est *L'Art de la guerre*.

------

[99] Sun Tzu, *L'Art de la guerre*, traduit par Jean Lévi, éditions Hachette, 2000.

[100] L'exemple le plus emblématique de cette différence de vision nous parait être la partie de sa présentation du traité intitulée « L'insoutenable efficience du non-être » (pp. 36 à 42 de la traduction de référence).

Annexe 1
Les 275 commandements de Sun Tzu

Nous allons ici proposer notre découpage de *L'Art de la guerre* en commandements directs de Sun Tzu, c'est-à-dire exposés sous la forme impérative. Nous en avons recensé 275, sachant que ce comptage est éminemment subjectif et personnel. Ainsi avons-nous choisi de nous en tenir aux stricts commandements directifs de Sun Tzu et de ne pas en extrapoler de propos non-injonctifs (qui pourraient n'être lus que comme de simples recommandations). À titre d'exemple, après la phrase d'introduction sur la guerre, grande affaire des nations, le chapitre 1 se poursuit ainsi :

> *La guerre est subordonnée à cinq facteurs ; ils doivent être pris en compte dans les calculs afin de déterminer avec exactitude la balance des forces.*
>
> *Le premier est la vertu, le second le climat, le troisième la topographie, le quatrième le commandement, le cinquième l'organisation.*
>
> *La vertu est ce qui assure la cohésion entre supérieurs et inférieurs, et incite ces derniers à accompagner leur chef dans la mort comme dans la vie, sans crainte du danger.*
>
> *Le climat est déterminé par l'alternance de l'ombre et de la lumière, du chaud et du froid ainsi que par le cycle des saisons.*
>
> *La topographie comprend : les distances et la nature du terrain, lequel peut être accidenté ou plat, large ou resserré, propice ou néfaste.*
>
> *Le commandement dépend de la perspicacité, de l'impartialité, de l'humanité, de la résolution et de la sévérité du général.*
>
> *Par organisation, il faut entendre la discipline, la hiérarchie et la logistique.*
>
> *Il n'est chef de guerre qui n'ait entendu parler de ces cinq facteurs ; ceux qui les possèdent à fond remportent la*

victoire ; ceux qui n'en ont pas la parfaite intelligence connaissent la défaite.

En effet, pris en compte dans les calculs, ils permettent une évaluation exacte du rapport de forces. Il suffit pour cela de se demander :

Qui a les meilleures institutions ? Qui a le meilleur général ? Qui a les conditions climatiques et géographiques les plus favorables ? Qui a la meilleure discipline ? Qui a l'armée la plus puissante et les soldats les mieux aguerris ? Qui possède le système de récompenses et de châtiments le plus efficace ?

La réponse à ces questions permet de déterminer à coup sûr le camp qui détient la victoire.

Le général qui se fie à mes calculs sera nécessairement victorieux : il faut se l'attacher ; le général qui se refuse à les entendre sera régulièrement défait : il faut s'en séparer !

Suivant notre choix de ne recenser que les strictes injonctions de Sun Tzu, il ne ressort de ce passage que l'unique commandement suivant :

- Prendre en compte dans les calculs les cinq facteurs (vertu, climat, topographie, commandement et organisation) afin de déterminer avec exactitude la balance des forces.

Mais nous aurions tout aussi bien pu extrapoler ce que nous ne percevons que comme des recommandations ou des descriptions. Nous aurions alors abouti aux 16 prescriptions suivantes :

1. Posséder la vertu.
2. Prendre en compte les conditions météorologiques.
3. Prendre en compte le terrain.
4. Être perspicace.
5. Être impartial.
6. Faire preuve d'humanité.
7. Faire preuve de résolution.
8. Être sévère.
9. Faire régner la discipline.
10. Organiser correctement son armée.

11. Assurer sa logistique.
12. Avoir de bonnes institutions dans le pays.
13. Avoir un meilleur général que l'adversaire.
14. Avoir une armée puissante.
15. Avoir des soldats aguerris.
16. Instaurer un système efficace de récompenses et châtiments.

Afin de permettre à celui qui le voudrait de remonter facilement aux citations originelles, cette liste de 275 commandements est présentée en suivant le déroulé du traité. Elle conduit donc nécessairement à la présence de doublons ou de commandements très similaires, comme ci-dessous à propos de la surprise :

- Commandement 16 : Attaquer là où l'adversaire ne nous attend pas (« Attaquez là où il ne vous attend pas », chapitre 1)
- Commandement 17 : Toujours surgir à l'improviste (« Surgissez toujours à l'improviste », chapitre 1)
- Commandement 80 : Frapper l'ennemi à l'improviste (« Je frappe [l'ennemi] l'improviste », chapitre 6)
- Commandement 106 : Avoir une armée qui frappe avec la soudaineté de la foudre (« [Une armée] frappe avec la soudaineté de la foudre. », chapitre 7)
- Commandement 213 : Profiter de ce que l'autre n'est pas prêt pour surgir à l'improviste (« À la guerre, tout est affaire de rapidité. On profite de ce que l'autre n'est pas prêt, on surgit à l'improviste », chapitre 11)

Bien sûr, il conviendra à celui qui cite Sun Tzu de s'assurer qu'il ne dévoie pas la pensée du stratège chinois. Nous avons en effet vu dans la partie « *Des préceptes contradictoires* » (p. 70) que citer un précepte de façon isolée pouvait conduire à des contresens par rapport à la véritable intention de Sun Tzu.

Chapitre 1

1. Prendre en compte dans les calculs les cinq facteurs (vertu, climat, topographie, commandement et organisation) afin de déterminer avec exactitude la balance des forces.
2. Créer les conditions qui permettent le recours à des procédés qui sortent de la règle commune.
3. Profiter de la moindre opportunité pour emporter l'avantage.
4. Passer pour incapable si l'on est capable.
5. Ne pas laisser voir lorsqu'on est prêt au combat.
6. Sembler loin lorsqu'on est proche.
7. Sembler proche lorsqu'on est loin.
8. Attirer l'adversaire par la promesse d'un avantage.
9. Prendre l'adversaire au piège en feignant le désordre.
10. Se défendre si l'adversaire se concentre.
11. Éviter l'adversaire s'il est fort.
12. Provoquer l'adversaire s'il est coléreux.
13. Exciter la morgue de l'adversaire s'il est méprisant.
14. Fatiguer l'adversaire s'il est dispos.
15. Semer la discorde.
16. Attaquer là où l'adversaire ne nous attend pas.
17. Toujours surgir à l'improviste.

Chapitre 2

18. Disposer des fonds suffisants pour entreprendre une guerre.
19. Avoir pleinement conscience des dangers inhérents à tout conflit armé.
20. Ne pas procéder à deux levées d'hommes consécutives.
21. Ne pas avoir besoin de trois réquisitions de grains.
22. Se suffire de ses ressources propres et puiser ses vivres chez l'ennemi.
23. Vivre sur l'ennemi.
24. Exciter la fureur de ses hommes pour les inciter à massacrer l'ennemi.
25. Appâter ses hommes par la promesse de récompenses afin de les inciter à attaquer l'ennemi pour s'emparer du butin.
26. Récompenser le premier qui réussit à capturer dix chars adverses.
27. Lorsque l'on a capturé des chars adversaires, substituer ses propres bannières à celles de l'ennemi, et disperser les attelages pris sur l'ennemi au milieu des siens.

28. Traiter humainement les prisonniers.
29. Viser la victoire immédiate et non une guerre d'usure.

<u>Chapitre 3</u>

30. Préserver l'ennemi au lieu de le détruire.
31. Soumettre l'ennemi sans combattre.
32. Attaquer les plans de l'ennemi ; ensuite ses alliances ; ensuite ses troupes ; en dernier ses villes.
33. N'attaquer une ville qu'en désespoir de cause.
34. Soumettre les armées sans combat.
35. Emporter les places sans en faire le siège.
36. Renverser les nations sans campagnes prolongées.
37. Encercler l'adversaire quand on dispose d'une supériorité de dix contre un.
38. Assaillir l'adversaire à cinq contre un.
39. Fractionner l'adversaire à deux contre un.
40. Combattre l'adversaire à forces égales.
41. Se défendre en état d'infériorité numérique.
42. Se dérober à un ennemi qui nous surclasse sur tous les plans.
43. [Commandement au souverain] Ne pas commander des manœuvres d'avance et de recul impraticables.
44. [Commandement au souverain] Ne pas intervenir dans l'administration des trois armes alors qu'on en ignore tout.
45. [Commandement au souverain] Ne pas s'immiscer dans la distribution des responsabilités alors qu'il ne connait rien à l'exercice du commandement.
46. Savoir quand il faut combattre et quand il faut s'en abstenir.
47. Savoir commander aussi bien à un petit nombre d'hommes qu'à un grand.
48. Savoir harmoniser la volonté des inférieurs et des supérieurs.
49. Affronter un ennemi qui n'est pas préparé.
50. Avoir des officiers compétents.
51. [Commandement au souverain] Ne pas s'ingérer dans la mission du général .
52. Connaitre l'autre.
53. Se connaitre.

<u>Chapitre 4</u>

54. Opposer son invincibilité à la vulnérabilité de l'ennemi.

55.   Utiliser la défensive pour assurer son invulnérabilité.
56.   Utiliser l'offensive pour profiter de la vulnérabilité de l'ennemi.
57.   Lorsque l'on ne dispose pas de suffisamment de forces, se défendre pour attendre le moment où nos forces seront en excédent, puis attaquer.
58.   Chercher à vaincre sans péril.
59.   Ne jamais laisser passer l'occasion de la victoire.
60.   Chercher à vaincre avant de combattre.
61.   Cultiver le « Principe ».
62.   Être attentif aux lois.
63.   Effectuer une analyse stratégique comprenant : les superficies, les quantités, les effectifs, la balance des forces et la supériorité.

Chapitre 5

64.   Savoir organiser ses troupes (division en corps et répartition en unités) pour manœuvrer une armée.
65.   Utiliser les dispositions et les signaux pour manœuvrer une armée.
66.   Utiliser judicieusement les forces régulières et extraordinaires.
67.   Connaitre les vides et les pleins.
68.   Faire preuve de puissance et de prestesse.
69.   Maintenir l'ordre et la discipline en plein combat.
70.   Modeler l'ennemi (par sa propre forme ou par un appât).
71.   Savoir manœuvrer pour employer au mieux ses hommes.

Chapitre 6

72.   Arriver le premier sur le lieu de l'affrontement.
73.   Diriger les mouvements de l'autre et ne pas se laisser dicter les siens.
74.   Attirer l'ennemi par la perspective d'un avantage.
75.   Écarter l'ennemi par la crainte d'un dommage.
76.   Fatiguer l'ennemi s'il est dispos.
77.   Affamer l'ennemi repus.
78.   Contraindre au mouvement l'ennemi à l'arrêt.
79.   Surgir là où l'ennemi ne peut nous atteindre.
80.   Frapper l'ennemi à l'improviste.

81.   Éviter toute rencontre avec l'ennemi si de longues distances doivent être parcourues.
82.   N'attaquer que des places qui ne sont pas défendues.
83.   Si l'on décide de défendre une place, y mettre les moyens pour dissuader l'ennemi de l'attaquer.
84.   Se rendre invisible au renseignement ennemi.
85.   S'insinuer dans les vides de l'adversaire.
86.   Après une attaque, se retirer suffisamment vite pour ne pas être touché.
87.   Mettre l'ennemi dans une configuration où il pourra difficilement se prémunir contre l'acquisition de renseignement.
88.   Se prémunir contre l'acquisition du renseignement adverse.
89.   Créer l'incertitude en regroupant les forces pour obliger l'ennemi à s'éparpiller.
90.   Attaquer en position de supériorité numérique.
91.   Examiner les plans de l'ennemi pour en connaitre les mérites et démérites.
92.   Pousser l'ennemi à l'action pour découvrir les principes de ses mouvements.
93.   Ne jamais répéter une manœuvre, toujours la recréer.

Chapitre 7

94.   Savoir faire du chemin le plus long le chemin le plus court.
95.   Renverser le désavantage en avantage.
96.   Posséder à fond la dialectique du direct et de l'indirect.
97.   Connaitre les objectifs stratégiques des autres princes.
98.   Connaitre la nature du terrain.
99.   Savoir faire usage d'éclaireurs.
100.   Savoir se diviser et se regrouper au gré des mouvements de l'adversaire.
101.   Avoir une armée preste comme le vent.
102.   Avoir une armée majestueuse comme la forêt.
103.   Avoir une armée dévorante comme la flamme.
104.   Avoir une armée inébranlable comme la montagne.
105.   Avoir une armée insaisissable comme une ombre.
106.   Avoir une armée qui frappe avec la soudaineté de la foudre.
107.   Répartir le butin entre ses hommes lorsque l'on pille une région.
108.   Distribuer les profits lorsque l'on occupe un territoire.

109. Toujours peser ses décisions en fonction de l'opportunité des circonstances.
110. Savoir doser les stratégies directes et indirectes.
111. Suppléer à la voix par le tambour et les cloches.
112. Suppléer à l'œil par les étendards et les guidons.
113. La nuit, utiliser de préférence les feux et les tambours, et, le jour, les bannières et les drapeaux.
114. Éviter l'ennemi quand il est d'humeur belliqueuse.
115. Attaquer l'ennemi quand il est indolent ou nostalgique.
116. Opposer des combattants placés à proximité du théâtre des opérations à des hommes qui viennent de loin.
117. Opposer des troupes fraîches à des soldats épuisés.
118. Opposer des ventres pleins à des ventres vides.
119. Ne pas affronter des bannières fièrement déployées ni des bataillons impeccablement ordonnés.
120. Ne pas planter ses quartiers face à un lieu élevé.
121. Ne pas prendre position devant un ennemi qui s'adosse à une éminence.
122. Ne pas poursuivre une armée dont la retraite est simulée.
123. Ne pas attaquer des corps d'élite.
124. Ne pas gober l'appât que tend l'adversaire.
125. Ne pas barrer la route à une troupe qui regagne ses foyers.
126. Ménager une issue à une armée encerclée.
127. Ne pas forcer un ennemi aux abois.

Chapitre 8

128. Ne pas procéder au rassemblement des troupes dans un lieu encaissé.
129. Opérer la jonction avec les forces alliées à un carrefour de communication.
130. Ne pas s'attarder en terrain isolé.
131. Monter des plans là où il y a risque d'encerclement.
132. Livrer combat sur les terres mortelles.
133. Savoir reconnaitre les voies à ne pas emprunter.
134. Savoir reconnaitre les villes à ne pas investir.
135. Savoir reconnaitre les armées à ne pas affronter.
136. Savoir reconnaitre les provinces à ne pas conquérir.
137. Savoir reconnaitre les ordres royaux qui ne doivent pas être obéis.
138. Connaitre l'art des neuf retournements.

139. Prendre toujours en compte dans les supputations tant les avantages que les inconvénients d'une option.
140. Savoir déceler les profits.
141. Ne pas négliger les risques.
142. Éviter les désagréments.
143. User de la menace pour contraindre les princes.
144. Enrôler les princes par des projets.
145. Faire accourir les princes par des promesses.
146. Être toujours en mesure de contrer l'ennemi.
147. Ne pas se bercer de l'espoir que l'ennemi n'attaquera pas.
148. Faire en sorte que l'ennemi ne puisse attaquer.
149. Craindre la mort sans trop chérir la vie.
150. Ne pas être coléreux.
151. Ne pas se montrer trop homme d'honneur.
152. Ne pas être compatissant.

Chapitre 9

153. Lorsque l'on traverse les montagnes, suivre les vallées.
154. Lorsque l'on traverse les montagnes, choisir son camp à l'adret d'une hauteur.
155. En montagne, toujours chercher à combattre en position dominante.
156. En montagne, éviter d'avoir à monter à l'assaut.
157. Toujours s'établir à quelque distance d'un cours d'eau que l'on vient de traverser.
158. Si l'armée adverse rencontre un fleuve dans sa progression, plutôt que de la combattre sur la rive opposée, attendre que la moitié de ses effectifs aient traversé pour attaquer.
159. Si on livre bataille en milieu fluvial, ne pas se poster près de la rive, mais prendre position sur une éminence orientée au sud.
160. En milieu fluvial, ne jamais être en aval de l'ennemi.
161. Quand on traverse une région coupée de marécages, hâter le pas et s'en éloigner au plus vite.
162. S'il faut affronter l'ennemi en zone marécageuse, se tenir à proximité des herbes aquatiques, dos à la forêt.
163. En terrain plat, choisir un terrain aisé, avec l'aile droite adossée à une éminence.
164. Préférer les terrains élevés aux terrains bas.
165. Préférer l'adret à l'ubac.

166. En présence de monticules ou de remblais, s'établir sur le versant ensoleillé, en y appuyant son flanc droit.

167. En cas d'averse sur le cours supérieur d'un fleuve que l'on veut traverser en aval, ne franchir le gué qu'une fois la crue passée et l'étiage revenu à la normale.

168. Fuir au plus vite et ne pas s'approcher des contrées coupées de précipices.

169. Pour traverser des défilés, des dépressions humides recouvertes de roseaux ou des montagnes boisées à la végétation luxuriante, procéder à des battues méticuleuses pour éviter les embuscades.

170. Faire preuve de la plus grande circonspection lorsque l'adversaire se porte aux devants et tarde à engager le combat, sans toutefois se retirer.

171. Savoir concentrer ses forces.

172. Savoir évaluer l'adversaire.

173. Savoir se gagner le cœur des hommes.

174. Réfléchir pour ne pas être vaincu.

175. Ne pas mépriser l'ennemi.

176. Ne pas sévir contre des troupes qui ne nous sont pas attachées.

177. Ne pas se refuser à appliquer les châtiments sous prétexte que les troupes nous sont attachées.

Chapitre 10

178. En terrain accessible, s'établir le premier à l'adret d'une éminence et s'assurer de lignes d'approvisionnement commodes.

179. En terrain neutralisant, éviter de tenter une sortie même si l'ennemi offre un avantage.

180. En terrain neutralisant, battre en retraite pour attirer l'ennemi, puis passer à la contre-attaque une fois la moitié de ses effectifs engagés.

181. En terrain resserré, si l'on est le premier à occuper les lieux, bloquer tous les passages et attendre l'adversaire de pied ferme.

182. En terrain resserré, si l'adversaire nous a devancé et tient tous les accès, renoncer à le suivre.

183. En terrain resserré, si l'adversaire nous a devancé mais ne tient qu'imparfaitement les accès, s'y risquer.

184. En terrain accidenté, au cas où l'on y prend position en premier, choisir le versant sud d'une hauteur pour affronter l'ennemi.
185. En terrain accidenté, si l'ennemi nous a devancé, battre en retraite et renoncer à le suivre.
186. Ne pas combattre à un contre dix.
187. Avoir la fermeté et la rigueur requises.
188. Opposer un corps d'élite à un ennemi qui aligne des troupes supérieures en nombre ou en puissance.
189. Ne pas recourir à la force des armes sans avoir une connaissance parfaite de l'ennemi et du terrain.
190. Si la théorie militaire nous donne pour victorieux, même si le souverain s'y oppose, passer outre et livrer combat.
191. Renoncer aux hostilités si les lois de la stratégie nous donnent pour battu, même si le souverain le commande.
192. Aimer ses soldats et les chérir comme un fils bien aimé.
193. Savoir assigner des tâches aux hommes et s'en faire obéir.
194. Être fixé sur ses propres capacités offensives.
195. Être fixé sur le potentiel défensif adverse.
196. Savoir si le terrain se prête à l'engagement.

Chapitre 11

197. En terre d'anéantissement, se battre avec l'énergie du désespoir ou périr.
198. Éviter de combattre en terrain de dispersion.
199. Ne pas s'arrêter sur une terre de négligence.
200. Ne pas attaquer en terre de confrontation.
201. Ne pas se laisser isoler en terre de rencontre.
202. Faire la jonction en terrain de communication.
203. Piller en terrain de diligence.
204. Passer son chemin en terrain de piège.
205. Monter des plans en terrain d'encerclement.
206. Livrer bataille en terrain d'anéantissement.
207. Désorganiser l'ennemi.
208. Empêcher les forces ennemies dispersées de se rassembler.
209. Interdire tout mouvement coordonné aux forces ennemies rassemblées.
210. Entreprendre une action sitôt qu'elle est opportune.
211. Renoncer à une action dès lors qu'elle ne présente pas d'avantage.

212. Si l'ennemi fond sur nous avec des troupes nombreuses et en bon ordre, attaquer ce à quoi il tient.

213. Profiter de ce que l'autre n'est pas prêt pour surgir à l'improviste.

214. Attaquer ce qui n'est pas défendu.

215. Piller les campagnes fertiles pour pourvoir aux besoins en nourriture des troupes.

216. S'assurer que ses soldats sont bien nourris et reposés pour stimuler leur ardeur et accroître leur énergie.

217. Jeter ses soldats dans une situation sans issue pour que, ne pouvant trouver le salut dans la fuite, il leur faille défendre chèrement leur vie.

218. Faire taire les rumeurs.

219. Proscrire les sorts.

220. Guider l'armée comme on mène un homme par la main, en le mettant constamment le dos au mur.

221. Être impavide pour garder ses secrets.

222. Être rigoureux pour faire observer l'ordre.

223. Obstruer les yeux et les oreilles des hommes pour les tenir dans l'ignorance.

224. Modifier ses objectifs, bouleverser ses plans, déplacer ses bivouacs et varier ses itinéraires pour déjouer toute prévision.

225. Rassembler ses troupes pour les jeter au cœur du danger.

226. Étudier avec la plus grande attention tant la stratégie commandée par le terrain ou l'opportunité des avances et des replis, que les lois qui président aux sentiments humains.

227. En terre de dispersion, souder la volonté de ses hommes.

228. En terre de négligence, renforcer la cohésion de ses hommes.

229. En terrain de confrontation, presser les arrières de ses hommes.

230. En terrain de rencontre, surveiller la défense de ses hommes.

231. En terrain de communication, consolider les alliances.

232. En terrain de diligence, veiller à la continuité de l'approvisionnement.

233. En terre de piège, poursuivre sa route.

234. En terre d'encerclement, bloquer les passages.

235. En terre d'anéantissement, montrer à ses hommes que l'on est prêt à mourir.

236. S'informer des menées des seigneurs pour devancer leurs alliances.

237. Connaitre la nature du terrain pour conduire une armée.
238. Savoir recourir aux éclaireurs pour tirer parti des avantages du terrain.
239. Savoir dispenser des récompenses non prévues par la loi et promulguer des édits qui ne sont consignés dans aucun code.
240. Savoir mouvoir la multitude des armées comme on dirige un seul homme.
241. Occuper l'armée avec des tâches et ne pas s'embarrasser de lui en expliquer le pourquoi.
242. Exciter l'armée par la perspective de profits en se gardant bien de la prévenir des risques.
243. Feindre de se conformer aux desseins de l'ennemi.
244. À la veille de toute opération militaire, fermer les passes et boucler les frontières ; détruire les sauf-conduits et rompre tout contact avec les envoyés adverses ; dans la salle du conseil, mettre la dernière main au plan de campagne.
245. Si l'ennemi laisse béer l'ouverture, s'y engouffrer sans délai et se rendre maitre d'au moins un point vital, sans laisser l'ennemi deviner la date choisie pour l'engagement.
246. Combiner les plans en fonction des mouvements de l'ennemi et décider alors du lieu et du moment de la bataille décisive.
247. Se présenter d'abord comme une vierge timide ; lorsque l'ennemi ouvre sa porte, rapide comme le lièvre, ne pas lui laisser le temps de la refermer.

Chapitre 12

248. Avoir à disposition, en toutes circonstances, le matériel nécessaire au déclenchement des feux.
249. Allumer des feux par temps sec.
250. Choisir les jours où la Lune se trouve dans les constellations du Van, du Mur, des Ailes ou la Caisse du Chariot pour allumer des feux.
251. S'adapter aux modalités particulières inhérentes à chacune des cinq sortes d'attaques par le feu dans tout usage militaire de la pyrotechnie.
252. Lorsque le feu éclate à l'intérieur du camp adverse, être immédiatement prêt à intervenir du dehors.
253. Si, en dépit de l'éclatement de l'incendie, l'ennemi reste calme, ne pas se précipiter à l'assaut mais patienter.

254. Une fois que le feu fait rage, poursuivre son action si on en a la possibilité.
255. Une fois que le feu fait rage, renoncer à son action si elle devient impossible à réaliser.
256. Si l'on choisit de provoquer l'incendie du dehors, le faire au moment opportun.
257. Se garder d'attaquer sous le vent.
258. Connaitre les modalités inhérentes aux cinq sortes d'attaques par le feu, afin de s'en protéger par les moyens appropriés.
259. Savoir exploiter les fruits de ses victoires.
260. Ne pas entreprendre une action qui ne réponde pas aux intérêts du pays.
261. Ne pas recourir aux armes sans être sûr du succès.
262. Ne pas combattre lorsqu'on n'est pas menacé.
263. Ne pas lever pas une armée sous le coup de la colère.
264. Ne pas engager la bataille sur un mouvement d'humeur.
265. N'entreprendre une action que si elle répond à un intérêt, sinon y renoncer.
266. Se contrôler.

Chapitre 13

267. Se renseigner sur l'adversaire.
268. Faire preuve d'intelligence et de bonté pour recruter et diriger des agents secrets.
269. Faire preuve de subtilité et de discrétion pour exploiter correctement les renseignements fournis par les agents secrets.
270. Si une opération secrète s'ébruite avant qu'elle n'ait été menée à bien, éliminer l'espion ainsi que la source de la fuite.
271. Pour monter une attaque, s'emparer d'une ville ou assassiner un ennemi, se renseigner au préalable sur l'identité du général responsable, des membres de sa suite, des chambellans, des portiers, des secrétaires, et s'assurer que les espions en soient toujours parfaitement informés.
272. Repérer les agents ennemis envoyés en renseignement.
273. Entrer en contact avec les agents ennemis pour les soudoyer.
274. Appâter les agents ennemis par une promesse d'établissement.
275. Grâce aux informations obtenues par les agents doubles, s'assurer les services des agents indigènes et des agents intérieurs.

Annexe 2
Les acteurs de *L'Art de la guerre*

L'annexe suivante étudie le champ lexical utilisé dans la traduction française du traité de Sun Tzu. Le propos n'en a pas été inclus dans le corps de cet ouvrage, car toute cette étude ne sert qu'à la compréhension globale de la construction du traité. Si ce dernier avait été un écrit moderne, la comptabilisation de l'utilisation de chaque terme ou le recensement des termes employés devraient logiquement engendrer du sens. Mais, pour toutes les raisons fournies dans la partie « *Un traité obscur* » (p. 67), ce n'est pas le cas ici.

Les personnages

L'œuvre de Sun Tzu expose un certain nombre de personnages. Le premier d'entre eux est bien évidemment le « **général** », auquel s'adresse principalement Sun Tzu. Par ce terme, le stratège chinois désigne le commandant en chef des armées.

« **Général** » est employé 35 fois à travers tout le traité. D'autres expressions apparaissent également, visant toujours à représenter ce général, sans recherche de nuance : « capitaine » (8 fois), « chef de guerre » (8 fois), « chef » (3 fois), « commandant en chef » (1 fois), « général en chef » (1 fois), « homme de guerre » (1 fois), « expert en stratégie » (1 fois) et « militaire » (1 fois). Au total, ce général est cité 59 fois sous toutes ces formes.

Le second personnage dans l'ordre apparent d'importance est le **souverain** (de son État, ou d'un État voisin). « Apparent », car il n'est en définitive cité que 23 fois : 12 en tant que « souverain », 6 en tant que « prince », 3 en tant que « seigneur », 1 en tant que « roi » et une autre en tant que « dirigeant ». Ces différentes appellations sont totalement interchangeables, comme en témoignent ces deux phrases issues du chapitre 13 :

« Un prince avisé et un brillant capitaine sortent toujours victorieux de leurs campagnes... »

« Seul un souverain avisé et un habile général sont capables de recruter leurs espions chez des hommes à l'intelligence supérieure... »

Si la fréquence de citation explicite du souverain est inférieure à celle du général (20 fois contre 59), nous avons vu dans la partie *« Les compétences nécessaires au général »* (p. 172) qu'il pourrait être le véritable destinataire de *L'Art de la guerre*. Il est en effet recevable de considérer que Sun Tzu a pu écrire son traité à destination du prince, pour lui expliquer comment bien choisir un général. Ou, peut-être, comme le raconte Sima Qian, pour lui servir de carte de visite auprès du prince, en exposant des recettes que de toute façon nul autre que ce général ne serait à même de mettre en pratique.

Un personnage est toutefois encore plus cité que le général : **« l'armée ».** Nous personnifions bien sûr ici un collectif, mais ce choix nous parait avoir sens. Cette « armée » est citée 55 fois. Le terme « les armées », pour lequel l'emploi du pluriel n'a pas de signification particulière, revient quant à lui 11 fois. Ce collectif de combattants, cette masse, se retrouve également dans les termes « la troupe » (employé 29 fois), « la multitude (5 fois), « la population » (employé au sens de « la troupe », 1 fois) et « la foule » (là-aussi pour désigner la troupe : 1 fois). Au total, ce sont 102 occurrences de ce collectif qui apparaissent dans le traité.

Sun Tzu évoque ensuite bien sûr les individus qui composent cette armée : le terme d' « **hommes** » apparait 32 fois, celui de « soldats » 19, et celui de « combattants » 2 ; soit un total de 53. Sun Tzu ne parle toutefois jamais du « soldat » pris dans son individualité, mais toujours « des soldats » (sauf dans un cas, au chapitre 11 : *« Il meut la multitude de ses armées comme on dirige un seul homme. »*). Le mot désigne alors tantôt le collectif et devient synonyme de « l'armée » (*« Quand il mène ses hommes au combat, c'est comme s'il leur retirait l'échelle sous les pieds après les avoir* *fait grimper en haut d'un mur.* », chapitre 11), tantôt l'individu, pour expliciter des actions ou des sensations (« *Les hommes s'appuient sur la hampe de leurs armes : l'armée est minée par la faim.* », chapitre 9).

Une autre catégorie de personnel, pouvant ou non être considérée comme militaire, sont les « **espions** ». Ils sont évoqués 13 fois sous ce terme, et 19 fois sous celui d' « agent ». Dans le treizième chapitre qui leur est consacré, Sun Tzu détaille même les différentes sortes d'agents : « agents indigènes », « agents intérieurs », « agents retournés », « agents sacrifiés » et « agents préservés ».

« **L'ennemi** » est quant à lui évoqué 62 fois. « L'adversaire » : 13 fois. L'ennemi est avant tout une instance et non pas tel ou tel ennemi incarné, ce qu'atteste la quasi absence d' « ennemi » en tant qu'adjectif d'une personne : Sun Tzu parle de « territoire ennemi » (une dizaine de fois), mais jamais de « général ennemi », de « stratège ennemi », de « prince ennemi » ou de « peuple ennemi ». L'ennemi est ainsi une entité générique plus qu'une personne, c'est l'opposant par excellence, celui vers lequel toute l'attention doit être tournée.

La « **Nation** », que nous assimilons à un personnage, est évoquée 7 fois. Plus 7 autres fois sous le terme « pays ». Le mot « principauté » est également utilisé 3 fois, sans qu'il soit possible de déterminer avec exactitude s'il s'agit d'une subdivision de l'État ou d'un État à part entière.

Le « **peuple** » est évoqué 4 fois. On le trouve également évoqué une fois à travers le terme de « foule ». Deux fonctions en émergent : les « paysans » et les « fonctionnaires », chacun cité une fois.

La « **maison royale** » est identifiée une fois. Les « ministres » sont évoqués, de même que les membres de la suite : « chambellans », « portiers » et « secrétaires ». Chacun également une seule fois.

Comme nous l'avions signalé lorsque nous évoquions le souverain, le terme « **seigneur** » est employé 3 fois, sans que l'on puisse déterminer avec exactitude si Sun Tzu parlait ici du souverain ou de ses barons.

Enfin, un dernier personnage est cité : « **Maitre Sun** ». Chacun des 13 chapitres commençant en effet par ces mots : « *Maitre Sun a dit : …* ». Le stratège chinois se cite ainsi 13 fois.

Au bout du compte, les cinq termes se rapportant à des personnes (ou assimilés) qui reviennent le plus souvent sont :
- L'armée : 102 fois, et les soldats : 53 fois
- L'ennemi : 75 fois
- Le général : 59 fois
- Les espions : 32 fois
- Le souverain : 23 fois

Rappelons que ces métriques ne doivent pas être considérées à l'unité près, tant elles dépendent des tournures retenues par les traducteurs.

La structure de l'armée

Nous l'avons vu, l'armée est bien sûr commandée par le « **général** ». Il est à noter que celui-ci est également stratège. Sun Tzu n'évoque pas la possibilité de la décorrélation de ces deux fonctions : il ne prévoit pas – ou du moins ne l'évoque pas – l'existence d'un personnage comme Zhuge Liang, grand stratège de la période des Trois Royaumes (181-234 ap. J.-C.), qui n'était que stratège et pas chef des armées.

L'armée qu'il commande est composée de « **soldats** », masse de combattants toujours évoqués en tant que collectif et jamais considérés dans leur individualité. Pour autant, Sun Tzu ne voit pas l'armée comme un ensemble homogène. Il y évoque par trois fois la **hiérarchie**, en parlant de « supérieurs » et d' « inférieurs » (par exemple, au chapitre 3 : « *Celui qui sait harmoniser la volonté des inférieurs et des supérieurs aura la victoire.* »). Les « officiers » sont évoqués 9 fois. Si le terme de « capitaine » apparait 8 fois, nous avons vu qu'il n'était employé que comme synonyme de « général ».

« Lieutenant » en revanche, employé une fois, désigne bien l'officier.

Le terme d' « **état-major** » apparait également, une fois. Sun Tzu semble accorder de l'importance à cette entité en présentant comme catastrophique la possibilité de son anéantissement. Mais là-encore, il convient de ne pas lire dans ce terme d' « état-major » la stricte correspondance avec les états-majors des armées contemporaines, qui conçoivent la manœuvre en fonction des directives du général. À l'époque de Sun Tzu, cet état-major avait beaucoup plus un rôle d'exécutants et de petites mains.

L'Art de la guerre fournit également des indications sur la **structure de l'armée :** il est ainsi question « d'avant-garde et d'arrière-garde » (2 fois) et de « corps d'élite » (2 fois). Au chapitre 3, Sun Tzu détaille même l'organisation de l'armée en « corps d'armée, bataillons, escouades et brigades ».

Deux **branches** de cette armée (deux « armes », selon la terminologie de l'armée de Terre moderne) sont citées : « les fantassins » (1 fois) et « les chars » (9 fois). Le nommage de ces fonctions est particulièrement intéressant pour l'historien car, la cavalerie n'étant jamais évoquée, cela nous permet de borner l'écriture de *L'Art de la guerre* à la date d'apparition de cette composante en Chine, à savoir 320 av. J.-C.

Trois **tâches** pouvant être attribuées aux soldats sont également évoquées : « soldat de corvée d'eau » (1 fois), « éclaireur » (à moins que cela ne doive être considéré comme une fonction à part entière ; cité 2 fois) et « émissaire » (1 fois) / « envoyé » (1 fois). Ainsi qu'un état : « prisonnier » (1 fois).

Enfin, comme nous l'avons vu, le général agit grâce aux renseignements de ses **espions** (ou « agents »). La position de ces personnels est en marge de l'armée, même pour les « agents sacrifiés », « chargés de transmettre de faux renseignements aux services ennemis », et les « agents préservés », « espions qui doivent revenir sain et sauf avec des informations » (chapitre 13).

Les aptitudes

Nous avons consacré la partie « *De la multiplicité des qualités du chef* » (p. 173) à l'étude des qualités nécessaires au général que mentionne *L'Art de la guerre*. Le général est le seul personnage du traité à être si abondamment décrit : il doit être « grand » (employé 10 fois[101]), « habile » (6 fois), « bon » (4 fois), « avisé » (2 fois), « véritable » (1 fois) et « brillant » (1 fois). Quasiment aucun autre acteur ne se voit affublé de caractéristiques. Le souverain lui-même ne semble requérir aucune qualité. Tout au plus Sun Tzu présente-t-il positivement au chapitre 11 le fait que le souverain puisse être « dominateur » (1 fois) et « conquérant ». Au bout du compte, le souverain a seulement besoin d'être compétent (ce que Sun Tzu exprime par « avisé » − 5 fois − ou « digne de ce nom » − 1 fois).

Les espions se voient quant à eux requis une unique caractéristique : l'intelligence.

> « *Seul un souverain avisé et un habile général sont capables de recruter leurs espions chez des hommes à l'intelligence supérieure.* » (Chapitre 13)

À noter que cette caractéristique d'intelligence est également demandée au général dans le chapitre sur les espions :

> « *Sans intelligence et bonté, il est impossible de recruter et de diriger des agents secrets.* » (Chapitre 13)

Curieusement, Sun Tzu ne cite qu'une seule fois cette qualité, à la différence par exemple de Clausewitz qui revient à de très nombreuses reprises sur l'intelligence indispensable au général.

Les officiers doivent, eux, être « compétents » (1 fois), et les soldats « puissants » (2 fois) et « aguerris » (1 fois). Tous les autres

---

[101] Comme évoqué dans la partie « *Le chinois classique : une langue plastique qui nécessite d'être interprétée* » (p. 79), nous rappelons que cet exercice d'étude lexicale est intimement lié à la traduction à laquelle nous nous référons. L'utilisation d'une autre édition de *L'Art de la guerre* pourrait conduire à des résultats différents.

personnages de *L'Art de la guerre* (le peuple, l'ennemi, les seigneurs) ne se voient jamais affublés de caractéristiques. Cependant, tant les soldats que les officiers peuvent présenter des défauts :

> *« Si les soldats sont hardis et leurs officiers timorés, il y aura relâchement, si les officiers sont hardis et les soldats timorés, il y aura enlisement ; si des lieutenants belliqueux et indisciplinés s'enflamment à la vue de l'ennemi et se ruent sus à lui sans attendre les directives du général en chef, celui-ci ne pourra plus tirer parti de leurs capacités, il y aura écroulement. »* (Chapitre 10)

Enfin, la qualité guerrière de la troupe importe :

> *« Qui a l'armée la plus puissante et les soldats les mieux aguerris ? [...] La réponse à ces questions permet de déterminer à coup sûr le camp qui détient la victoire. »* (Chapitre 1)

Concernant les entités, deux sont évoquées : l'armée et la nation. Pour l'armée, si l'unique caractéristique explicitement citée est sa puissance (4 fois), il est néanmoins également écrit qu' *« une armée doit être preste comme le vent, majestueuse comme la forêt, dévorante comme la flamme, inébranlable comme la montagne ; insaisissable comme une ombre, elle frappe avec la soudaineté de la foudre. »* (Chapitre 7). Concernant le pays, les seules caractéristiques recherchées pour lui sont : la puissance (1 fois) et la stabilité (1 fois).

Index par mots-clés

Table des matières

Dépôt légal janvier 2021

www.ingramcontent.com/pod-product-compliance
Lightning Source LLC
LaVergne TN
LVHW020322200726
843507LV00012B/2207